Artur C. Ferdinand

Reutlingen – Der Stadtführer

D1726364

Artur C. Ferdinand

Reutlingen
Der Stadtführer

Oertel+Spörer

Darstellung Stadtplan und Touren: © Stadtvermessungsamt Reutlingen (http://www.reutlingen.de)

Bibliografische Information der Deutschen Nationalbibliothek

Die Deutsche Nationalbibliothek verzeichnet diese Publikation in der Deutschen Nationalbibliografie; detaillierte bibliografische Daten sind im Internet über http://dnb.d-nb.de abrufbar.

© Oertel+Spörer Verlags-GmbH+Co.KG · 2007
Postfach 16 42 · 72706 Reutlingen
2, überarbeitete und ergänzte Auflage
Alle Rechte vorbehalten
Schrift: 9/12 p Officina Sans
Satz und Repro: Raff digital GmbH, Riederich
Druck und Bindung: Oertel+Spörer Druck und Medien-GmbH+Co., Riederich
Printed in Germany
ISBN: 978-3-88627-410-9

Liebe Reutlinger,
liebe Gäste und
Besucher aus
nah und fern,

auf den nächsten 144 Seiten nimmt Sie der Autor und Kenner unserer Stadt, Artur C. Ferdinand, mit, um die Schönheiten und die Besonderheiten unserer Heimat kennenzulernen. Dieser Stadtführer bringt Einheimischen, Rei'g'schmeckten und Gästen die Stadtgeschichte und Sehenswürdigkeiten nahe und zeigt den kulturellen Reichtum der Stadt.

Reutlingen ist eine moderne Stadt, aufgeschlossen, weltoffen und gastfreundlich, die sich ihrer Traditionen bewusst ist. So erhielt Reutlingen bereits 1180 das Marktrecht von Barbarossa. Heute gehört unser Bauern- und Wochenmarkt mit über 80 Marktständen zu den größten in ganz Baden-Württemberg. Bunte Marktstände halten nicht nur Obst und Gemüse von guter Qualität bereit, sondern bieten auch den Rahmen für Begegnungen und den regelmäßigen Plausch. Wer früh auf den Beinen ist, kann in den Sommermonaten den Turmbläsern lauschen. Ihr musikalischer Gruß vom Turm der Marienkirche ist weit über die Stadt zu hören.

Als Bürgerfest lebt seit einigen Jahren wieder eine alte Tradition auf: der Schwörtag. Das „Fest des demokratischen Frohsinns", wie der Schwörtag vom Chronisten genannt wird, erinnert im Juli an die Geschichte Reutlingens als freie Reichsstadt. Gleich zu Beginn des Jahres würfelt ganz Reutlingen beim traditionellen Mutscheltag. Blätterteigpasteten mit Kalbfleischfüllung stehen im Mittelpunkt des Schiedweckentages im Frühjahr. Das jährlich stattfindende Weindorf im Herbst und ein stimmungsvoller Weihnachtsmarkt rund um die Marienkirche gehören ebenso wie das alle zwei Jahre gefeierte Stadtfest zum jährlichen Festkalender unserer Stadt.

Konzerte, Kunstausstellungen oder Theateraufführungen laden Jung und Alt ein, am vielfältigen kulturellen Programm in unserer Stadt teilzunehmen. Sie sehen – Reutlingen hält viel für Sie bereit – gehen Sie auf Entdeckungstour!

Barbara Bosch
Oberbürgermeisterin

Liebe Leserin, lieber Leser!

Wen will ein „Stadtführer" eigentlich führen? Gäste und Besucher von nah und fern? Neu zugezogene Reutlinger Bürgerinnen und Bürger (sogenannte „Rei'g'schmeckte")? Oder selbst Reutlinger Urgesteine, die alteingesessenen „Reichsstädter"?

Für die einen soll dieser Stadtführer Orientierungshilfe sein, er soll Überblicke über die Vielseitigkeit unserer Stadt geben und neugierig machen auf Erlebnisse in Reutlingen. Die anderen soll dieses Buch animieren, Gewohntes und Bekanntes in Reutlingen aus einer anderen Perspektive zu betrachten, mit offenen Augen durch die Stadt zu gehen, um vielleicht doch hier und da etwas Neues zu entdecken. Der „Stadtführer" bietet Rückblicke (im Kapitel über die Stadtgeschich-te), Überblicke (in den Rundgängen durch die Altstadt und in den Beschreibungen Reutlinger Eigenheiten) und Ausblicke (durch die zahlreichen farbigen Bilder).

Das Buch kann Ihnen als Nachschlagewerk dienen; viele Hinweise und Tipps, allerlei Wissenswertes und Nützliches machen es zum sinnvollen Begleiter beim Erkunden unserer Stadt. Lassen Sie sich von mir bei der Hand nehmen, seien Sie eingeladen, mit mir gemeinsam Reutlingen kennenzulernen! Eine kurze Erläuterung der Bilder finden Sie unter der angegebenen Nummer nach jedem Kapitel.

Artur C. Ferdinand
Im Sommer 2007

Welcome to Reutlingen!
Be invited to get to know this town escorted by the author. You will find a summary of the history of Reutlingen in English and short declarations of the pictures after each chapter.

Bienvenu à Reutlingen!
Vous êtes invités de faire la connaissance de cette cité accompagnés par l'auteur. Il y a un aperçu de l'histoire de Reutlingen en français et vous trouverez des descriptions courtes des images après chaque chapitre.

Von A wie Alemannen bis Z wie Zukunftspläne – Reutlinger Stadtgeschichte im Überblick

3000 v. Chr. bis 999 n. Chr.
Erste Siedlungen in und um Reutlingen

Schon während der **Jungsteinzeit** vermutlich siedelten Menschen am Hang der Achalm, dem sogenannten **Rappenplatz**. Funde aus den 1970er-Jahren, wie z. B. Feuersteine und ein Steinbeil, weisen darauf hin. Gesichert jedoch ist eine Besiedelung an der Achalm aus der Hallstatt- und La-Tène-Zeit (4./5. Jhd. v. Chr.), **keltische Siedlungen**, die Spuren in Form von Skelettresten und Scherben von Gebrauchskeramik hinterlassen haben. Auch die Römer nutzten die hervorragende Lage der Achalm, wohl als Wachposten oder dergleichen, was sich aus Münzfunden am Berg und auf dem Gipfel schließen lässt. In der näheren Umgebung von Reutlingen finden wir hingegen genauere Hinweise auf Niederlassungen von Römern, so zum Beispiel römische Villen bei Betzingen, Altenburg und Ohmenhausen oder eine **Jupitergigantensäule** in Sickenhausen.

Zur Zeit der alemannischen Landnahme wurde dann auch das Gebiet

der heutigen Stadtmarkung besiedelt, mehrere Grabfunde weisen auf verschiedene Teilsiedlungen im Stadtgebiet Reutlingens hin. Eine dieser Siedlungen der Alemannen dürfte im Bereich des heutigen Friedhofs Unter den Linden gelegen haben, befand sich hier doch die ehemalige **Pfarrkirche St. Peter in den Weiden**, Sitz des zum Bistum Konstanz gehörigen **Archidiakonats** „circa alpes". Der Name Reutlingen weist auf die alemannische Besiedelung hin, wofür die Endung „-ingen" charakteristisch ist, die erste Silbe dürfte von einem alemannischen Stammesführer, vermutlich einem Rutilo, übernommen worden sein. Auch wenn die Legende die späteren Achalm-Erbauer Egino und Rudolf (= Rutilo) als Namenspatrone für Eningen und Reutlingen angibt, so ist dennoch wahrscheinlicher, dass andere Personen ihre Namen für die beiden Orte hergaben.

Im Bereich der späteren Stadt befanden sich weitere Siedlungen, so im Zentrum in der sogenannten Hofstatt, einem alten Adelssitz mit eigener Befestigung, im Bereich der mittleren Gartenstraße in der Nähe des Zwiefalter Hofes, außerhalb des Tübinger Tores (heute Oskar-Kalbfell-Platz) und oberhalb des Albtores zwischen Lederstraße, Albstraße und Burgstraße. So stellt sich die Stadtwerdung Reutlingens anders als üblich dar, Reutlingen wuchs somit nicht wie sonst aus einem Dorf zur Stadt heran, eher wurden fünf Weiler zur Stadt zusammengefasst.

1000 bis 1199
Bau der Achalm – erste Privilegien für Reutlingen

Schon 1030, so berichtet um 1135 der Zwiefalter Chronist Ortlieb, ließ der reich begüterte **Graf Egino**, der seinen Hauptsitz in Dettingen/Erms hatte, auf dem Gipfel der **Achalm** eine Burg erbauen, zu einem Zeitpunkt, als andere Mitglieder des Hochadels noch immer im Tal bei ihrem Volk verweilten. Man könnte Egino deshalb als Avantgardisten bezeichnen, der Trend, Hochburgen in exponierter Lage zu erbauen, setzt ansonsten erst zum Ende des 11. Jahrhunderts ein. Nach Eginos frühem Tod vollendete sein Bruder **Rudolf** den Bau und holte seine Gemahlin Adelheid von Wülflingen, eine Cousine des Kaisers Konrad II., auf die Burg. Die nächste Generation der Achalmgrafen, politisch in zwei Lager während des Investiturstreites zwischen Kaiser Heinrich IV. und Papst Gregor VII. gespalten, starb bereits 1098 im Mannesstamm aus. Die letzten Grafen Liuthold und Kuno stifteten 1089, als Anhänger des Papstes und vom Hirsauer Reformgeist motiviert, in **Zwiefalten** ein reiches Benediktinerkloster, das bis 1803 eine der bedeutsamsten Abteien der Region war. Aus diesem Jahr 1089 stammt auch im sogenannten **Bempflinger Vertrag**, einem Erbschaftsvertrag zwischen dem Kloster und Erben der Achalmgrafen, die erste urkundliche Nennung Reutlingens. In diesem Vertragswerk, welches nicht im Original, sondern in einer Überlieferung durch den Mönch Ortlieb in oben genannter Chronik vorliegt, ist als Zeuge unter anderen ein **„Ruodolfus de Rutelingin"** aufgeführt, über dessen Person leider nichts Näheres bekannt ist.

Die Burg selbst ging in diffusen Erbwegen Ende des 12. Jahrhunderts an die Herren von Neuffen und blieb die nächsten Jahrhunderte ein Zentrum politischer Macht und Auseinandersetzungen.

2

Außer den Grafen von Achalm bzw. dem Kloster Zwiefalten waren es noch der Tübinger Pfalzgraf und weitere begüterte Adelige, die über Besitz im heutigen Stadtgebiet verfügten.

Auch andere aufstrebende Klöster wie Salem, Bebenhausen und (Ober-) Marchtal konnten Besitztümer in und um Reutlingen aufweisen, die sie später in eigenen Klosterhöfen verwalteten.

Um 1180, die Siedlung Reutlingen dürfte sich mittlerweile mehr auf das heutige Stadtzentrum konzentriert haben, soll **Kaiser Friedrich Barbarossa** der Stadt das erste **Marktrecht** verleihen, weitere Privilegien folgten durch Kaiser Otto IV.

1200 bis 1499
Reutlingen wird Reichsstadt – Bau der Marienkirche – demokratisch-zünftische Verfassung – Ausbau des Territoriums

Als der junge Staufer **Friedrich II.** (1194–1250) im Jahre 1212 aus Sizilien nach Deutschland reiste, um die Königskrone in Empfang zu nehmen, sah er sich nicht nur mit seinem Gegenspieler Otto IV. konfrontiert, er musste sich vielmehr der Unterstützung und Loyalität aller Fürsten und Stände in seinem Stammland Schwaben und im gesamten deutschen Gebiet versichern. So machte er mit französischen und päpstlichen Geldern Schenkungen an Fürsten und Städte („milte") und gründete weitere Reichsstädte, die er mit bedeutenden Rechten und Privilegien ausstattete. In diese Zeit, zwischen 1212 und 1220, dürfte die Erhebung Reutlingens zur **Reichsstadt**

3

4

auf städtischem Territorium zum Reichsgut und Friedrich ließ die von ihm gegründete Stadt mit **Mauern und Türmen** umgeben. So kam es, dass nicht alle Teilsiedlungen Reutlingens von Stadtmauern geschützt waren und sogar die Pfarrkirche St. Peter außerhalb der Stadtbefestigung lag. Nachdem 1245 der Papst nach mehreren Streitigkeiten mit Friedrich den Kaiser für abgesetzt erklärt hatte, ließ er in Deutschland von den Bischöfen und Kirchenfürsten **Heinrich Raspe von Thüringen**, einen Schwager und ehemaligen Weggefährten Friedrichs, zum Gegenkönig wählen. Dieser suchte nun als Erstes, Friedrichs angestammtes Land Schwaben einzunehmen, und ließ seinen Verbündeten, Graf Ulrich von Württemberg, mit dem Versprechen auf Erhalt des Landes Schwaben die Reichsstädte angreifen. Selbst bei der Belagerung von Ulm verwundet, starb Heinrich Raspe im Februar 1247, seine Truppen hingegen belagerten an Pfingsten desselben Jahres die junge Stadt Reutlingen. Nach überstandener Belagerung bauten die Reutlinger, gemäß einer Chronik wohl aus Dankbarkeit, innerhalb der Stadtmauern eine Kirche, die **Marienkirche**. (Nach neueren For-

fallen, eine Stadterhebungsurkunde existiert leider nicht (mehr).

Nach den schweren Auseinandersetzungen zwischen Friedrich II. und seinem Sohn Heinrich (VII.), die in der Schlacht bei Dettingen/Erms und mit der Verhaftung und Entehrung Heinrichs 1235 endeten, nahm der Stauferkaiser das Lehen der Achalm von den Neuffenern, die an der Seite Heinrichs gekämpft hatten, in seinen Besitz zurück und erklärte die Achalm zur Reichsburg. Auch wurden gelehnte Besitzungen schungen muss jedoch davon ausgegangen werden, dass die Reutlinger beschlossen, den Bau zu vollenden, nicht zu beginnen; der Baubeginn dürfte schon etwa 20 bis 30 Jahre früher stattgefunden haben.) Nach 96 Jahren Bauzeit wurde 1343 die neu errichtete Marienkirche geweiht, eines der bedeutendsten Bauwerke der Hochgotik in Südwestdeutschland. Bis zur Reformation hatte die Marienkirche jedoch nur den Rang einer Kapelle, die eigentliche Pfarrkirche blieb bis 1538 St. Peter, deren Rechte und Einkünfte 1308 an das von Kaiser Albrecht I. gestiftete **Kloster Königsbronn** übertragen wurden. Erst nach dem Abbruch der Pfarrkirche 1538 wurde die Marienkirche zur Stadtkirche und zum Zentrum der evangelischen Kirchengemeinde in Reutlingen erhoben. Mit dem Ende der Staufer begann für Reutlingen der politische und strukturelle Wandel. 1262 verpfändete der letzte Vertreter der schwäbischen Dynastie, Konradin, die gesamten achalmischen Rechte, darunter das Schultheißenamt, Mühlrecht, Steuern und die Gerichtsbarkeit ausgerechnet an die Grafschaft Württemberg, weswegen sich Reutlingen in der Zukunft immer von den Württembergern bedroht sah, die nun „wie die Katze auf dem Vogelkäfig" auf der Achalm über der Stadt saßen. Innerhalb der Stadtmauern bildete sich allmählich ein städtisches Gemeinwesen heraus, welches sich zur Friedenssicherung um 1300 die erste **Friedensordnung**, Bestimmungen zur Sicherung des Stadtfriedens und Maßnahmen gegen Verletzungen desselben, gab. 1340 wurde diese Friedensordnung auf die gesamte Gemarkung Reutlingens erweitert und durch die ersten reichsstädtischen Verfassungen von 1343 und 1374 ergänzt. In diesen Verfassungen werden erstmals die politischen Rechte der aufstrebenden **Zünfte** gestärkt: Während den Handwerkern immer mehr Mitbestimmungsrechte zuerkannt werden, wird das Patriziat mehr und mehr aus der politischen Verantwortung zurückgedrängt. Schon 1374 kann die Reutlinger Verfassung **demokratisch-zünftisch** genannt werden, haben die Handwerker seither die deutliche Mehrheit bei der Entscheidungsfindung im Rat und bei der Wahl zum Bürgermeister. Diese Verfassung von 1374 blieb im Übrigen in leicht abgewandelter Form bis zum Ende der Reichsstadtzeit in Reutlingen gültiges Gesetzeswerk. Schon drei Jahre später galt es, die Eigenständigkeit der Stadt gegen die sich ausbreitende Grafschaft Württemberg zu verteidigen. Nachdem sich Reutlingen 1376 dem Schwäbischen Städtebund angeschlossen hatte, dem noch weitere 13 Städte wie Ulm, Konstanz oder Rottweil beigetreten waren, und es zu kriegerischen Auseinandersetzungen in einer Belagerung Ulms kam, griff Graf Ulrich von Württemberg die junge Reichsstadt Reutlingen an, um ein Eingreifen Reutlingens in den Städtekrieg zu verhindern. Im Jahre 1377 kam es dann zu der berühmten **Schlacht bei Reutlingen**, in der die Reutlinger Truppen das Aufgebot des Württembergers und seiner Verbündeten vernichtend schlugen. Unter den gefallenen Anhängern Ulrichs finden sich Friedrich von Zollern und der Pfalzgraf von Tübingen neben knapp 70 weiteren.

Im Laufe der nächsten Jahrzehnte gelang es der kleinen Reichsstadt Reutlingen, ihr Territorium zu erweitern, indem sie Besitzungen von Patrizierfamilien oder des reichen Spitals erwarb. So kamen bis 1648 Orte wie Wannweil, Ohmenhausen, Gomaringen und Bronnweiler sowie Betzingen, Stockach und Hinterweiler in den Besitz Reutlingens. Gomaringen und Hinterweiler wurden dann 1648 allerdings wieder an Württemberg verkauft, da der Dreißigjährige Krieg der Stadt zu viele finanzielle Opfer auferlegt hatte.

1500 bis 1699
Krise mit Württemberg – Reutlingen wird evangelisch – Kriegsnöte – Ende der Achalm

Die Zeit nach 1500 stellt für Reutlingen eine Phase großer Umbrüche und Neugestaltungen dar. Während die Stadt ihr Territorium erweitern und sichern konnte, war es vor allem das die Stadt umgebende Württemberg, welches Reutlingen einzunehmen und (finanziell) auszunehmen drohte. Gegenseitige Verträge zwischen dem Rat der Stadt und Württemberg wurden notwendig, um ein einigermaßen friedvolles Nebeneinander zu gewährleisten. So wurde 1505 zwischen den beiden Parteien ein **Schirmvertrag** geschlossen, der auf der einen Seite Reutlingen die Unabhängigkeit und die Unverletzlichkeit ihres Besitzes sicherte, auf der anderen Seite jedoch Reutlingen dazu nötigte, an Württemberg Schutzgelder zu zahlen und in Kriegszeiten Soldaten unter württembergisches Kommando zu stellen. Trotz dieser Übereinkunft ließ Herzog Ulrich von Württemberg (1487–1550) im Januar 1519 die Stadt überfallen und einnehmen: Reutlingen war württembergisch!

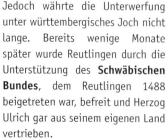

Jedoch währte die Unterwerfung unter württembergisches Joch nicht lange. Bereits wenige Monate später wurde Reutlingen durch die Unterstützung des **Schwäbischen Bundes**, dem Reutlingen 1488 beigetreten war, befreit und Herzog Ulrich gar aus seinem eigenen Land vertrieben.

Ein weiteres Mal sollten in den nächsten Jahren die Reutlinger unter Beweis stellen, dass sie eine freie und nur dem Kaiser unterstellte Bürgerschaft sein wollten. Während mehrerer Querelen mit dem für Reutlingen zuständigen Bischof von Konstanz und dem Kloster Königsbronn, welches die Pfarrei St. Peter besaß, bestellte der Rat der Stadt den Goldschmiede-Sohn **Matthäus Alber** (1495–1570) zum Prediger für Reutlingen. Dieser schaffte schon 1520 die lateinische Messe ab und brachte somit sehr bald lutherisches Glaubensgut in die Reichsstadt. Obwohl, vor allem auf Drängen des Konstanzer Bischofs, der katholische Erzherzog Ferdinand, der während der Abwesenheit Herzog Ulrichs die Statthalterschaft in Stuttgart übernahm, die Stadt unter Druck zu setzen versuchte, dem neuen Glauben abzuschwören, ließen sich die Reutlinger davon

5

nicht beeindrucken und zwangen in dem berühmten **Markteid von 1524** den Rat der Stadt, den neuen Glauben anzunehmen. Als einzige Reichsstadt neben Nürnberg unterzeichnete Reutlingen mit ihrem damaligen Bürgermeister **Jos Weiß** 1530 das **Augsburger Bekenntnis**, das protestantische Glaubensbekenntnis: Reutlingen war evangelisch geworden. Im Verlauf der folgenden Entwicklungen in der Stadt wurden zahlreiche Kapellen, deren nicht mehr bedurft wurde, abgerissen, das Barfüßerkloster wurde aufgelöst und die Klosterkirche abgebrochen. Auch die alte Pfarrkirche St. Peter in den Weiden wurde geschleift und dafür die Marienkirche zur Stadtkirche erhoben. Als Folge der anschließenden Religionskriege ließ 1552 Kaiser Karl V. die Verfassungen, vor allem die demokratisch-zünftischen, abschaffen, da er in der Macht der Zünfte eine der Ursachen für die Reformation sah. In Reutlingen sollten der Rat verkleinert und die Wahlen abgeschafft werden. Es wurde ein neuer Rat unter dem kaiserlichen Hofrat Heinrich Has gebildet, der ausschließlich aus Patriziern bestand, der sogenannte **„Hasenrat"**. Erst 1576 wurde der Stadt

von **Kaiser Maximilian II.**, der den evangelischen Reichsstädten gewogen war, ihre alte, demokratisch-zünftische Verfassung zurückgegeben und bestätigt.

Der Dreißigjährige Krieg, in welchen Reutlingen aktiv erst 1631 eintrat, hinterließ in Reutlingen vor allem wirtschaftliche Spuren. Einquartierungen von fremden Truppen sowie Kontributionszahlungen verschlangen alle finanziellen Mittel der Stadt, weswegen sie sich, um den Ruin und damit den Verlust der Unabhängigkeit zu verhindern, zum Verkauf von Gomaringen und Hinterweiler an den Herzog Eberhard von Württemberg genötigt sah.

Die Burg Achalm, bis dahin noch als Residenz- und Vogtsburg genutzt, wurde im Verlaufe des 16. Jahrhunderts nicht – wie die meisten Burgen ihrer Zeit – zu einer Festung ausgebaut und verlor somit im Laufe der Zeit ihre fortifikatorische Funktion. Auch wurden in jener Zeit Residenzen wieder im Tal errichtet, weswegen die Achalm auch als Wohnstatt nicht mehr genutzt wurde und zusehends verfiel. Noch während des Dreißigjährigen Krieges wurde die Burg abgerissen und ihre Reste zwischen 1650 und 1658 geschleift.

1700 bis 1849
Der große Brand – erste Reformen – Reutlingen wird württembergisch – revolutionäre Ideen

In diesen Zeiten wirtschaftlicher und finanzieller Not brach über die Stadt im September 1726 die größte Katastrophe herein, deren Spuren bis in unsere Gegenwart reichen. Am Abend des 23. September 1726 brach im Hause eines Schusters neben der Nikolaikirche ein Brand aus, der sich rasch in der gesamten Stadt ausbreitete. Am nächsten Tag standen bereits das Rathaus und Teile der oberen Stadt in Flammen. Durch den Abbruch einiger Häuser sollte versucht werden, das Übergreifen der Flammen auf die Marienkirche zu verhindern, was leider misslang. Die Kirche brannte völlig aus, Glocken stürzten unter großem Getöse herunter oder begannen zu schmelzen. Erst am darauffolgenden Tag, beinahe 48 Stunden nach Ausbruch des Feuers, konnte der Brand endlich gelöscht werden. Übrig blieben in der Stadt die Trümmer von vier Fünfteln aller Wohnhäuser und die beinahe aller öffentlichen Gebäude. 1200 Familien wurden obdachlos und mussten schnellst-möglich versorgt werden. Obwohl alsbald größere Geldsummen als Hilfeleistungen aus verschiedenen Gegenden Deutschlands in Reutlingen ankamen, erholte sich die Stadt von dieser Katastrophe noch lange nicht. Die Marienkirche wurde, nach ersten notwendigen Reparaturmaßnahmen, erst in den Jahren 1900/1901 vollständig renoviert, bei Grabungsarbeiten in der Reutlinger Altstadt lässt sich heute noch eine Brandschicht im Boden erkennen.

In Zeiten finanzieller Misere waren die starren politischen Verhältnisse der freien Reichsstadt hinderlich für einen neuen wirtschaftlichen Aufschwung. Der Rechtsanwalt **Johann Jakob Fezer** (1760–1844) bemühte sich um innere Reformen durch die Bildung eines Krisenrates, einem Zwölferausschuss der zwölf Zünfte, der eine Stabilisierung der Finanzen und eine Verbesserung der sozialen Lage der Reutlinger Bevölkerung bewirken sollte. 1789 wurde Fezer zum Bürgermeister gewählt, wurde jedoch bald darauf auf Drängen seiner politischen Gegner in der Stadt durch den Reichshofrat aus seinem Amt gedrängt und verlor alle politischen Funktionen. Schon wenige Jahre später sollten seine

Bemühungen um eine Stärkung der Reutlinger Finanzen hinfällig werden, als im November 1802 die freie Reichsstadt Reutlingen in den Besitz des Herzogs Friedrich II. von Württemberg übergehen sollte. Der Herzog, der an der Seite Napoleons kämpfte, verlor im Frieden von Paris 1802 seine linksrheinischen württembergischen Besitzungen und sollte zum Ausgleich neben zahlreichen kirchlichen und klösterli-

6

chen Gebieten auch die in seinem Territorium liegenden Reichsstädte erhalten. Durch das Besitzergreifungspatent vom November 1802 und die darauf 1803 vom Kaiser erfolgte Bestätigung im **„Reichsdeputationshauptschluss"** war der beinahe 600-jährigen Reichsstadtzeit Reutlingens ein Ende gesetzt. Reutlingen wurde zur Oberamtsstadt erklärt und ab 1818 zusätzlich Sitz der Kreisregierung des Schwarzwaldkreises. Die Aufgabe politischer Selbstständigkeit und Unabhängigkeit durch den Übergang an Württemberg brachte der bis zum Ende des 18. Jahrhunderts hoch verschuldeten Stadt neue Entfaltungsmöglichkeiten durch Verbesserung der Verkehrswege und den Wegfall einiger Zölle und Abgaben.

In diese Zeit des wirtschaftlichen und politischen Umbruchs wird in Reutlingen am 6. August 1789 **Friedrich List** geboren. Nach seiner Ausbildung in der väterlichen Gerberei arbeitete List als Abgeordneter im Stuttgarter Landtag, aus dem er wegen seiner Kritik an Verwaltung, Wirtschaft und Rechtswesen ausgeschlossen und zu einer zehnmonatigen Haftstrafe verurteilt wurde. Nach seinem Exil in der USA, wo er als Redakteur und Verleger tätig war und sich dort für den Ausbau des Eisenbahnnetzes stark machte, kehrte er als amerikanischer Konsul nach Deutschland zurück und setzte sich für den Bau der ersten Ferneisenbahnstrecke Leipzig–Dresden ein, weswegen er als „Eisenbahnpionier" gilt. Seine fortschrittlichen Wirtschaftstheorien (unter anderem seine Idee von einem freien Handelsraum Europa!) wurden zu Lists Lebzeiten nicht geschätzt und anerkannt, woraufhin sich List am 30. November 1846 in Kufstein/Tirol das Leben nahm. Die erste Revolution auf deutschem Boden, die ihm sicherlich Mut gemacht hätte, durfte er somit nicht mehr erleben.

Gewohnt reichsstädtisch-demokratisch, wie die Reutlinger seit Jahrhunderten waren, hingen sie sehr bald den Ideen der **1848er-Revolution** an. Versammlungsfreiheit, Meinungsfreiheit und Pressefreiheit waren Forderungen, die an Pfingsten 1849 in einer riesigen Versammlung von beinahe 20.000 Menschen in Reutlingen laut wurden und Reutlingen den Ruf einer radikalen Stadt einbrachten. Mit ihrer demokratischen Haltung fielen die Reutlinger beim württembergischen

König in Ungnade, weswegen sie weitere 10 Jahre an den Anschluss an das Eisenbahnnetz warten mussten. (Der König wollte sogar die Bahnlinie Plochingen–Tübingen in einem weiten Bogen um Reutlingen herumführen lassen.)

1850 bis 1945
Die Eisenbahn – Reutlingen wird Industriestadt – soziale Frage – NS-Zeit – Zweiter Weltkrieg

7

Im September 1859 war es dann endlich so weit: Die **Eisenbahnlinie** Plochingen–Reutlingen wurde eröffnet und stellte für die Stadt den Startschuss zur industriellen Entwicklung dar.

Weitere Bahnlinien in und um Reutlingen folgten rasch, 1861 nach Tübingen und Rottenburg, 1892 nach Honau und 1902 nach Gönningen. 1899 wurde das sogenannte **„Büschelesbähnle"** eingerichtet, eine Dampfbahnstrecke vom Bahnhofsvorplatz nach Eningen, die 1912 mit ihrer Elektrifizierung den Beginn der Reutlinger **Straßenbahnen** darstellte.

Die Möglichkeit besserer Transportwege für Kohle mit der Bahn brachte Reutlingen den lang ersehnten wirtschaftlichen Aufschwung: Ein verstärkter Einsatz von Dampfmaschinen bewirkte nun auch in Reutlingen die industrielle Revolution, die mit neuen Fabrikbauten und einem Zuwachs an Arbeitskräften einherging. Vor allem in der Textil- und Lederbranche, die in Reutlingen eine lange Tradition aufweisen konnte, aber auch in der Papier-, Werkzeug- und Maschinenbauindustrie stellte sich hier die positive wirtschaftliche Entwicklung ein.

In Zeiten wirtschaftlicher Umbrüche blieben allerdings soziale Belange außer Acht. Die Gesellschaft war auf Produktion und Leistung eingestellt, bedürftige Menschen lebten am Rande der Gesellschaft, das soziale Netz war noch nicht gesponnen. 1840 kam der ehemalige Vikar **Gustav Werner** von Walddorf nach Reutlingen, in Begleitung von zehn Kindern und zwei Helferinnen, um in der Stadt, in welcher sein Vater Finanzdirektor war, das Haus „Gotteshilfe" zu gründen, wo er sich um die Außenseiter der industriellen Gesellschaft kümmerte. Er gründete eine Papierfabrik, eine Maschinenbaufirma, des Weiteren Heime und andere Einrichtungen für verwaiste Kinder, arme Erwachsene und alte Menschen. Die am Rande Lebenden sollten hier eine Heimat finden, eine Schul- und berufliche Ausbildung erhalten und in der gegründeten **Gustav-Werner-Stiftung** „Zum Bruderhaus" in einer Familie leben. (Der spätere Ingenieur Karl Maybach beispielsweise war in Reutlingen untergebracht und erhielt hier seine erste technische Ausbildung.)

Ein weiteres gutes Beispiel für den Umgang mit den sozialen Fragen, die sich aus der zunehmenden **In-**

dustrialisierung in Reutlingen ergaben, stellt das **Gmindersdorf** dar. Für die Arbeiter der Textilfirma Ulrich Gminder GmbH wurde in den Jahren 1903 bis 1916 eine eigene Arbeitersiedlung zwischen Betzingen und Reutlingen errichtet, für deren Planung der damals bekannteste Architekt der Region, **Prof. Theodor Fischer** aus Stuttgart, beauftragt wurde. In die eigenständige Siedlung, in welcher 1908 bereits 894 Bewohner gezählt wurden, waren eine Bäckerei, ein Konsumladen, eine Metzgerei und eine Wirtschaft eingerichtet worden, für die Kinder wurde 1916 ein Kinderhort gebaut, für die Senioren und Witwen ein „Altenhof". Die Siedlung besteht aus 48 freistehenden Doppelhäusern, die in 17 verschiedene Haustypen unterschieden werden können. Jedes Haus verfügt über ein kleines Gartenstück, in welchem die Nahrungsversorgung von den Bewohnern unterstützt werden konnte.

Das Dorf Betzingen, an welches das Gmindersdorf grenzte, wurde schließlich, nachdem es schon seit jeher politisch und wirtschaftlich eng mit Reutlingen verbunden war und bereits im Mittelalter reichsstädtisches Territorium gewesen war, am 1. April 1907 nach Reutlingen eingemeindet. Betzingen ist somit die älteste Bezirksgemeinde Reutlingens, der 1939 Sondelfingen folgte und in den 1970ern noch alle weiteren heutigen Bezirksgemeinden (Oferdingen, Gönningen, Bronnweiler und Reicheneck: 1971; Altenburg, Degerschlacht und Sickenhausen: 1972; Rommelsbach: 1974; Mittelstadt: 1975). Durch den Zuzug vieler benötigter Arbeiter vor allem aus Österreich-Ungarn stieg die Mitgliederzahl der 1823 neu gegründeten katholischen Kirchengemeinde Reutlingen stark an. Der Gemeinde wurde seit 1823 die Nikolaikirche als Gotteshaus von der Stadt überlassen, im Jahre 1910 baute sie sich nach fast 400 Jahren die erste katholische Kirche in Reutlingen: St. Wolfgang wurde neue Heimat für die anwachsende katholische Gemeinde.

Der Erste Weltkrieg und die Wirren der Weimarer Republik gingen auch an der Stadt Reutlingen nicht vorüber. Die Glocken der Marienkirche wurden zu Kriegszwecken eingezogen, die Nachkriegsjahre waren geprägt von Hunger und Armut in der Bevölkerung.

Die Machtübernahme der Nationalsozialisten verlief in Reutlingen nach dem gleichen Prinzip wie in anderen Teilen des Deutschen Reiches. Der Gemeinderat von Reutlingen setzte sich gemäß Gleichschaltungsgesetz in derselben Verteilung wie der Reichstag zusammen. Der Anteil von NSDAP-Gemeinderäten wuchs von 7 % im August 1931 auf 32,3 % im März 1933, im April 1933 war die NSDAP stärkste Fraktion im Gemeinderat. Nach der Ausschaltung aller politischen Kräfte, die den Zielen der NSDAP im Wege standen, wurde der letzte gewählte Oberbürgermeister Karl Haller abgesetzt und durch das Parteimitglied Richard Dederer ersetzt. Auch in Reutlingen kam es in der folgenden Zeit zu Enteignungen und zu gewalttätigen Ausschreitungen gegen jüdische Mitbürger, von denen es jedoch in Reutlingen nicht allzu viele gab, doch mussten bis November 1938 alle 16 jüdischen Geschäfte und Firmen schließen. Außer jüdischen Bürgern waren es auch Sinti- und Roma-Familien, die der Brutalität des NS-Regimes zum Opfer fielen.

Die folgenden Jahre waren von Krieg gekennzeichnet. Reutlingens Industrie, die im Schwerpunkt aus Maschinenbau und Textilindustrie bestand, wurde auf Rüstungsproduktion umgestellt; Betriebe, die als nicht kriegswichtig eingestuft worden waren, wurden geschlossen. Fremd- und Zwangsarbeiter, die zu Tausenden die sich im Krieg befindenden Arbeiter ersetzen mussten, wurden in zahlreichen Lagern untergebracht. Lange war die Kriegsfront noch weit von der Stadt entfernt, im März 1944 erfolgten dann die ersten Luftangriffe auf Reutlingen. Die größten Angriffe jedoch erfolgten erst im Januar, Februar und März 1945, die einen großen Teil der Reutlinger Innenstadt in Trümmer legten. Schreckliche Bilanz nach dem „Tausendjährigen Reich": Über 3000 gefallene und vermisste Soldaten, 474 Tote (darunter 40 Kinder), 5000 Obdachlose und die Trümmer von einem Viertel des gesamten Gebäudebestandes.

1945 bis 2006
Wiederaufbau – Besatzung – Städtepartnerschaften – neuer Wohnraum – Reutlingen wird Großstadt

In den ersten Nachkriegsjahren gab es für die Reutlinger allerhand zu tun. Als am 20. April 1945 das ehemalige SPD-Gemeinderatsmitglied **Oskar Kalbfell** den anrückenden französischen Truppen die Stadt Reutlingen übergab und damit weitere Schäden und Blutvergießen verhinderte, wurde er von ihnen als kommissarischer Oberbürgermeister für Reutlingen eingesetzt und im folgenden Jahr mit 72 % aller Stimmen gewählt. Bereits vier Tage später wurden 12 Orte (darunter auch Pfullingen und Eningen) auf Geheiß der französischen Besatzung der Stadt Reutlingen eingemeindet, was jedoch per Landtagsbeschluss 1948 wieder rückgängig gemacht wurde.

Hauptinhalte der ersten Amtsjahre Kalbfells waren Beseitigung von Kriegsschäden und in erster Linie Schaffung von (neuem) Wohnraum, da eine große Anzahl von Flüchtlingen aus Schlesien, Donauschwaben und dem Banat nach Reutlingen gezogen waren. So folgte in schneller Abfolge die Errichtung der Siedlungen Römerschanze (1950), eine Wohnsiedlung bei Ohmenhausen (1952) und Wildermuth-Siedlung (1952). In den Jahren 1945–1959 wurden 8900 Wohnungen neu geschaffen. Den Höhepunkt der Wohnbautätigkeit, die vor allem der nach dem Kriege gegründeten

8

Wohnbaugenossenschaft GWG zu verdanken ist, stellt jedoch der Bau der Gartenstadt **Orschel-Hagen** in den Jahren 1961–1969 dar, welcher der mittlerweile stark angewachsenen Bevölkerung 2884 neue Wohnungen bereitstellte.

Der wirtschaftliche Aufschwung in Reutlingen brachte selbstverständlich auch einen kulturellen Aufwärtstrend mit sich: Gleich nach dem Krieg wurde unter der Leitung von Hans Grischkat das Schwäbische Symphonie-Orchester (heute: **Württembergische Philharmonie**) gegründet, in Kooperation der Städte Reutlingen und Tübingen das Schauspielhaus Tübingen–Reutlingen (heute: **Landestheater Tübingen–Reutlingen – LTT**), im Keller eines Reutlinger Privathauses gründete sich das Reutlinger **Theater in der Tonne**. Verschiedene Schriftsteller aus ganz Deutschland suchten wegen der Reutlinger Literaturszene ihre Heimat in der Stadt, nicht zuletzt lebte auch der bekannte Holzschneidekünstler **HAP Grieshaber** am Fuße der Achalm.

Sportstätten wie das Stadion Kreuzeiche (1952) und das **Freibad Markwasen** (1955) wurden in diesen Zeiten errichtet, der Ausbau des Schulwesens (Berufsschule 1956, verschiedene Schulen in den Außenbezirken) gipfelte in der Gründung der **Pädagogischen Hochschule Reutlingen** (1962–1987).

Auch die Besiegelungen von **Städtepartnerschaften** trugen zur kulturellen Entwicklung der Stadt bei, die sieben Städtepartnerschaften werden bis heute sorgsam gepflegt und bieten ein Forum für kulturellen Austausch und gegenseitige Hilfe (Roanne/F: 1958, Ellesmere Port and Neston/GB: 1967, Bouaké/Elfenbeinküste: 1970, Aarau/CH: 1986, Szolnok/Ungarn: 1990, Duschanbe/Tadschikistan: 1990, Reading/USA: 1998).

Da 1945 das große Rathaus am Marktplatz durch Bomben zerstört wurde, war Anfang der 1960er-Jahre klar, dass in Reutlingen ein neues, den zeitgemäßen Anforderungen entsprechendes Rathaus errichtet werden müsse. Im Jahre 1966 konnte dann endlich das **neue Rathaus** (Entwurf: Prof. Tiedje und Dipl.-Ing. Volz, Stuttgart) nach etwa vierjähriger Bauzeit eingeweiht werden.

Mit dem Ende der Amtszeit von Oskar Kalbfell 1973 setzte die nach langer Aufbauzeit notwendige Konsolidierungsphase der Stadt

Reutlingen unter Oberbürgermeister **Dr. Manfred Oechsle** (CDU) ein. In seine Amtszeit (1973–1994) fallen wichtige kulturelle und politische Ereignisse und Entscheidungen, die nachhaltig das Bild Reutlingens in der Öffentlichkeit prägten und prägen. So war Reutlingen 1984 Schauplatz der **Landesgartenschau** mit annähernd 1,2 Mio. Besuchern, zu welchem Zweck die ehemalige Pomologie und der Volkspark neu gestaltet wurden und die Renaturierung der Echaz ihren Anfang nahm. Des Weiteren wurden unter OB Oechsle der Neubau der Stadtbibliothek (1985), Altstadtsanierungen, Gründung der Stiftung für Konkrete Kunst und die **Kernstadterweiterung West** realisiert.

Im Oktober 1988 hat Reutlingen dann schließlich die 100.000-Einwohner-Marke überschritten und ist seitdem offiziell **Großstadt**. Die Angebote, die Reutlingen seither seinen Bürgern und Gästen bietet, dürfen sich durchaus mit anderen (kleinen) Großstädten messen lassen; Stadtfeste, Weindorf und Weihnachtsmarkt seien hierfür nur Beispiele.

Mit **Dr. Stefan Schultes** (CDU) stand zwischen 1995 und 2003 der dritte Oberbürgermeister seit Bestehen der Bundesrepublik an der Spitze der Reutlinger Verwaltung. Zu seinen Aufgaben zählte unter anderem die Fortführung der von Oechsle begonnenen Konsolidierungspolitik, verknüpft mit der von der schwachen Finanzlage aufgezwungenen Sparpolitik. Eine weitere neu gebaute Wohnsiedlung im Gewand Schafstall (1996) zeigt, dass der Wohnungsbau in einer Großstadt wie Reutlingen ständiges Aufgabengebiet von Stadtverwaltung und Stadtparlament war, ist und bleiben wird. Spätestens seit der Neugestaltung des Heimatmuseums (1996) und des Naturkundemuseums (1997) kann sich Reutlingen Museumsstadt nennen, seit dem Aufstieg des **SSV Reutlingen** in die Zweite Fußballbundesliga im Jahre 2000 und dem Ausbau des Kreuzeichestadions im Jahre 2002 auch Sportstadt.

Seit 2003 hat Reutlingen die erste Oberbürgermeisterin in seiner langjährigen Geschichte. **Barbara Bosch** (parteilos) lenkt seither die Geschicke der Stadt. Ausbau des Standortes Reutlingen als Industrie- und Dienstleistungszentrum sowie Stärkung des kulturellen Profils der Stadt sind Bestandteile ihrer Arbeit. Ihre Amtszeit ist gekennzeichnet durch die Stärkung der bürgerschaftlichen Mitbestimmung und somit der Öffnung kommunaler Verwaltungseinheiten für Belange des einzelnen Bürgers.

2006 bis Zukunft
Wirtschaftsstandort –
Verkehr – Kulturstadt
Reutlingen

Große Aufgaben stehen Reutlingen in den nächsten Jahren bevor. Zum einen gilt es, den sich seit den 1980ern entwickelnden Standort für das Dienstleistungsgewerbe zu erhalten und auszubauen. Zum anderen stellt die Zunahme des Straßenverkehrs in Reutlingen, durch das zwei Bundesstraßen hindurchführen, welche die Stadt mit Stuttgart, Ulm und dem Bodenseeraum verbinden, ein großes Problem für die Lebensqualität in Reutlingen dar. Pläne, einen Tunnel durch den Scheibengipfel der Achalm zu graben, um damit die Innenstadt von einem Teil des Durchgangsverkehrs zu entlasten, werden in den verschiedenen politischen und gesellschaftlichen Gruppierungen kontrovers diskutiert und warten auf eine Realisierung.

Wichtiges Vorhaben der nächsten Jahre wird die Neugestaltung der historischen Altstadt sein. Es wird nach Wegen gesucht werden müssen, eine Balance zwischen dem Erhalt wertvoller Bausubstanz und der Modernisierung in die Jahre gekommener Stadtviertel zu finden. In Zeiten angespannter Finanzlagen konkurrieren notwendige, ausgabenintensive Vorhaben mit Sach- und Sparzwängen (und manchmal auch mit Parteizwängen) um Argumentationsvorteile bei Entscheidungsprozessen.

Die Zukunft wird zeigen, dass sich Reutlingen wie in den vergangenen Jahrhunderten meist von Vernunft, Tatkraft und Fleiß leiten lässt, wenn es darum geht, in schwierigen Zeiten tief greifende Entscheidungen zu treffen.

History of Reutlingen

Human beings have been settling in the area of Reutlingen since the Stone Age. Findings on the hill "Achalm", close to the city, refer to Celtic settlement in the years 400 to 500 BC.

Roman establishments can be found in the surroundings of Reutlingen, e.g. Roman villas in the near of Betzingen, Altenburg and Ohmenhausen.

The district of Reutlingen is supposed to be colonized by Germanic peoples in the 5th and 6th centuries AD. There are several hints for the early settlement like special grave-findings and the word-ending: "-ingen" of towns and villages.

The building of the Castle Achalm in 1030 by Count Egino influenced Reutlingen's development as a city decisively. His brother Rudolf who finished the castle-building married Adelheid von Wülfingen who was related to Emperor Konrad II and the Pope. They founded the Achalm Dynasty and made the castle a powerful political centre. In an inheritance contract between the Zwiefalten Monastery and the heirs of the Counts of Achalm we can find Reutlingen documented as a city for the first time of its history. This documentary act is witnessed by "Ruodolfus de Rutelingin".

Since 1180 Reutlingen has got city-privileges such as the right of holding markets bestowed by the Emperors Friedrich Barbarossa und Otto IV.

During the following 300 years Reutlingen was getting all the rights of an imperial city. Especially under the regency of Emperor Friedrich II (1194–1250) Reutlingen hold the status of an independent city. He was also the first to build walls and towers around the town. In 1247 the residents of Reutlingen fulfilled their promise to build a church for Holy Mary when they had raised the seige of King Heinrich Raspe. Probably the foundations of the church had been laid earlier when the city was founded in 1220. About a hundred years later the building of the Marienkirche, a church of Gothic style, was finished. During the next years the territory of Reutlingen grew larger and wider. The "Reutlinger Friedensordnung" was an early democratic constitution.

Since Reutlingen was surrounded by the growing territorial power of Württemberg, protection-contracts became necessary. Nethertheless Duke Ulrich von Württemberg didn't mind to attack and subdue the city in 1519. Only by the interference of the Swabian majesties the independence of Reutlingen could be regained.

Strong efforts towards Protestant Reformation show us another aspect of Reutlingen´s fight for self determination. The preacher Matthäus Alber (1495–1570) abolished the Latin mass. With the famous Market Oath the citizens of Reutlingen forced the city councillors to follow the new Protestant belief. Jos Weiß, mayor of Reutlingen, was one of the few encouraged agents of an imperial city who signed the confession of the new believe in front of Emperor Karl V and the whole western hemisphere.

After the Thirty Years' War had destroyed whole Europe and also caused big financial loss, the next terrible catastrophe hit the city: Even today you can find last remains of the large fire that devastated Reutlingen in three days and only left the fith part of the city. That happened in September 1726. Reutlingen had to ask for international help in order to find shelter for the homeless but it couldn't recover completely from that disaster.

Also the wars against Napoleon exacted their toll: reparations and accommodation for military units caused financial difficulties again. Finally in 1802 during the Peace of Paris between Napoleon and Duke Friedrich II von Württemberg they agreed that all independent cities should belong to Württemberg. Now Reutlingen wasn't able to resist any longer in a political way. The new situation, however, also implied new possibilities of development. During the age of industry the city became a powerful industrial centre. When it was finally connected to the train network in 1859 the city began to prosper.

But then the Second World War destroyed big parts of Reutlingen. After the dark time of National Socialism when big injustice was committed against Jewish citizens and other regime critics the city was attacked by allies' bombs since 1944. The worst attacks from January till March 1945 destroyed one quarter of the old town district, many houses and factories were totally damaged.

With the deliverance by French units in April 1945 the springing stone was laid for a new beginning. In a short period of time the Lord Mayor Oskar Kalbfell (1945–1973) succeeded in organizing the supply of food and the building of new tenements in Reutlingen. The city began to recover, new districts were rising, the school system was extended, culture and sports had their flowering time. Partnerships with other cities accelerated the culturel development: Roanne/F: 1958, Ellesmere Port and Neston/GB: 1967, Bouaké/Ivory Coast: 1970, Aarau/Switzerland: 1986, Szolnok/Hungary: 1990, Duschanbe/Tajikistan: 1990, Reading, USA: 1989.

After the incumbency of Oskar Kalbfell, the main concern of his successor Manfred Oechsle (1973–1995) was the consolidation of budget deficits. But also culturel institutions and the big success of the garden exhibition in 1984 belong to his era. 1988 Reutlingen counted more than 100 000 residents for the first time.

Dr. Stefan Schultes was the third lord mayor. During his term from 1995–2003 he primarily provided for sports facilities and improved museums and residential districts. Barbara Bosch is the first woman to govern the administrations of Reutlingen. Since 2003 she has to face important decisions concerning the building of a new city hall or the handling of traffic problems. The changing structure from an industrial city to a city of business services and trade are the future challenges of Reutlingen.

(Translated by Simone Schleicher)

L'histoire de Reutlingen

Dès l'âge de pierre, la région de Reutlingen est peuplée. Des objets trouvés sur l'Achalm indiquent un peuplement celtique dans le 4./5. siècle AC. Dans le plus proche entourage de la ville il y a quelques restes des bâtiments romains comme, par exemple, les villas près de Betzingen, Altenburg et Ohmenhausen.

Bien aux 5. et 6. siècles PC, les Alamans s'établissent sur le territoire de la ville, ce qui prouvent plusieurs sépulcres trouvés et le suffixe typique «ingen» dans les noms des villages.

Très important pour le développement de Reutlingen est, en 1030, la construction du château «Achalm» par le comte Egino. Son frère Rudolf, qui l'achève, prend Adelheid de Wülfingen, de la proche famille de l'empereur Konrad II et du Pape, comme épouse. Ils fondent la dynastie des «Achalm» et font du château en centre de pouvoir. Dans un contract qui règle l'héritage entre le monastère de Zwiefalten et la famille, on trouve la première citation documentaire de la ville de Reutlingen dans le nom du témoin de ce contract qui s'appelle «Ruodolfus de Rutelingin». À partir de 1180, les premiers privilèges de ville, dont le droit de marché, sont accordés à la ville par l'empereur Frédéric I Barberousse et Otton IV.

Dans les 300 années qui suivent, on accorde à la ville tout les droits qui font d'elle une ville libre. Surtout sous l'empereur Frédéric II (1194–1250) Reutlingen devient une ville uniquement dépendante de l'empire. En 1220, Frédéric fait fortifier la ville avec des murs et des tours et lui donne des droits exceptionnels qui font de Reutlingen une ‹vraie› ville. La construction de la «Marienkirche» commence à la même époque. Pendant l'occupation de Reutlingen en 1247 par les troupes de Heinrich Raspe, contre-roi de Frédéric, les habitants de la ville, face à leur misère, prient Dieu de leur aider et jurent de construire une église à l'honneur de St. Marie si ils seront sauvés. La ville de Reutlingen échappe l'occupation sans subir un dommage et accomplit sa promesse : Entre 1247 et 1343 les habitants édifient l'église imposante en style gothique. On peut pourtant considérer que la construction a déjà commencé plus tôt, bien en 1220 avec la fondation de la ville.

Dans les années suivantes, Reutlingen élargit son territoire et introduit une première constitution démocratique : la «Reutlinger Friedensordnung» (l'ordre pour la paix). Encadrée par la puissance territoriale de Wurttemberg, les contrats fondamentaux pour la protection de la ville deviennent existentiels. Ces contrats n'empêchent pas le duc Ulrich de Wurttemberg d'attaquer la ville en 1519 et de la soumettre à sa souveraineté. Seule l'intervention du Schwäbischer Bund, une union des souverains souabes, rétablit l'état de Reutlingen comme ville libre. Un autre aspect de la tendance envers l'autonomie de la ville se montre dans ses efforts pour la Réforme. Sous le prédicateur Matthäus Alber (1495–1570) la messe latine est déjà abolie en 1520 et dans le serment de marché, les habitants forcent le conseil municipal d'adopter la foi protestante. En 1530, Jos Weiß, maire de la ville et un représentant d'une ville libre, avec celui de Nuremberg, signe le «Augsburger Bekenntnis» devant l'empereur Charles V, la confession pour une nouvelle foi dans tout le monde occidental.

Après la guerre de trente ans entre 1618 et 1648 qui dévaste l'Europe et qui exige des énormes sacrifices financiers de Reutlingen, la ville voit une catastrophe tellement immense dont les traces se peuvent voir encore aujourd'hui : du 23 au 25 septembre un terrible incendie réduit en cendres quatre cinquièmes de l'inventaire architectural. Plus jamais Reutlingen ne devrait-elle se remettre complètement. Seule une charité internationale réussit à redonner assez d'habitations à la population. En ce qui concerne la Marienkirche, on n'a pu réparer les derniers dommages de l'incendie que vers 1900.

Après les guerres de Napoléon, quand on s'arrange enfin, en 1802, dans la paix de Paris entre Napoléon et le duc Frédéric II de Wurttemberg, que le dernier peut prendre toutes les villes libres comme appartenantes à son territoire, pour la ville de Reutlingen il n'est plus possible de contredire sur le plan de la politique de l'extérieur : Reutlingen est devenue maintenant une ville de Wurttemberg. Mais cette nouvelle situation offre de nouvelles possibilités de développement. Dans le temps de l'industrialisation, la ville devient un puissant centre industriel et avec la jonction au réseau de chemin de fer en 1859, le plus tard, l'essor longtemps souhaité commence pour Reutlingen.

La deuxième grande destruction de Reutlingen se fait pendant la Deuxième Guerre Mondiale. Après le temps sombre du régime nazi qui mène à des excès contre les communautés juives, à Reutlingen aussi, et qui fait nombreux victimes chez nos concitoyens, en 1944, la ville subit des attaques aériennes par les alliés. Pendant les grandes attaques du janvier à mars de l'année 1945, un quart de la cité, nombreuses maisons et usines, tombe en décombres.

La libération de la ville par les troupes françaises au mois d'avril 1945 donne une chance de recommencer. Sous le maire Oskar Kalbfell (1945–1973) on construit des immeubles et organise l'approvisionnement de nourriture pour la population. Les années suivants sont marquées par la reconstruction et l'essor économique. La naissance de nouvelles cités, l'extension de la formation scolaire et professionnelle, la culture et le sport prospèrent. L'établissement des jumelages a contribué, lui aussi, au développement de la ville : Roanne/F : 1958, Ellesmere Port/GB : 1967, Bouaké/Côte d'Ivoire : 1970, Aarau/CH : 1986, Reading/USA : 1989, Duschanbe/Tadjikistan : 1990, Szolnok/H : 1990.

Après la période du maire Kalbfell, la tâche principale de son successeur Dr. Manfred Oechsle (1973–1995) est de consolider le budget des chiffres de la ville, mais aussi de développer les institutions culturelles et de faire venir à Reutlingen l'exposition de jardin («Landesgartenschau») dans l'année 1984. En 1988, Reutlingen dépasse la marque de 100 000 habitants.

Dr. Stefan Schultes (1995–2003) est le troisième maire de la ville. Il force surtout le développement des musées, des institutions sportives et des résidences municipales.

Depuis 2003 il y a la première femme qui est à la tête de la municipalité : avec Barbara Bosch, la ville profite de la participation de ses habitants. De très importantes décisions et projets, comme la construction d'une nouvelle salle municipale ou la maîtrise des problèmes de la circulation l'accompagnent dans sa fonction comme maire.

(Traduit par J.-M. Warnke-Ferdinand)

1 Die Achalm, Reutlinger Hausberg
2 Im Garten des Heimatmuseums
3 Stadtmauer mit Wehrgang
4 Südostturm der Marienkirche
5 Hauptturm der Marienkirche
6 Friedrich List
7 Am Hauptbahnhof
8 Blick über die Stadt
9 Eine Orientierungshilfe

1 The Achalm, mountain next to Reutlingen
2 In the garden of the historical museum
3 Part of the medieval town-wall
4 The south-eastern steeple of the Marienkirche
5 Main-steeple of the Marienkirche
6 Friedrich List (1789–1846), political economist, born in Reutlingen
7 At the railway station
8 View over the city
9 Information point

1 La Achalm, mont près de Reutlingen
2 Dans le jardin de la musée de l'histoire de la cité
3 Le mur de la ville (détail)
4 Une tour de la Marienkirche (sud-est)
5 Le clocher de la Marienkirche
6 Friedrich List (1789–1846), économiste politique, né à Reutlingen
7 À la gare
8 Vue sur la cité
9 Point d'information

Mehrfarbig Reutlingen entdecken – bunte Touren durch die Altstadt

In vier ausgewählten Rundgängen werden Sie durch Straßen und Winkel der Innenstadt geführt. Die Rundgänge sind unter verschiedenen Blickwinkeln ausgesucht und zur besseren Orientierung farbig gekennzeichnet. Die farbigen Hinweise deuten auf eine genauere Beschreibung in einer anderen Tour hin (Bsp.: ⑧ bedeutet: siehe Wasse𝓡𝓣our Nr. 8).

Sehenswe*R*Tes – Rundgang durch die historische Altstadt

Auf diesem Weg werden Sie zu allen Sehenswürdigkeiten der ehemals freien Reichsstadt Reutlingen geführt. Sie werden Einblicke in das Leben in einer mittelalterlichen Stadt erhalten sowie detaillierte Informationen über die historischen Bauwerke, die Sie auf diesem Rundgang entdecken werden.

❶ Wir beginnen diesen Rundgang am **Hauptbahnhof Reutlingen** mit Blick auf den Listplatz. Vor uns unter einem kleinen Vordach finden wir Tafeln mit den wichtigsten Kurzinformationen für den Besucher. Stadtpläne, Pläne des öffentlichen Personennahverkehrs sowie Hinweise auf kulturelle Veranstaltungen sind hier neben den wichtigsten Richtungsschildern zu finden. Links unter den Arkaden

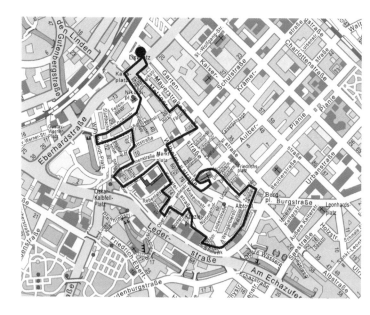

des sogenannten Kronprinzenbaus (benannt nach dem ehemals hier befindlichen Hotel Kronprinz) befindet sich das Büro der **Tourist-Information Reutlingen**. Hier finden Sie alle wichtigen Informationen über Kultur und Gastlichkeit in Reutlingen, Neuankömmlinge werden freundlich beraten und Hilfestellungen für Touristen sind hier selbstverständlich. Geradeaus vor uns liegt ein kleiner Park ❶, an dessen Ende das Denkmal **Friedrich Lists** den vorbeifließenden Verkehr zu überwachen scheint.

Als Vorreiter für ein freies Europa und Wegbereiter für den Ausbau des Schienennetzes in Deutschland gilt er als einer der größten Söhne Reutlingens. Das Denkmal wurde 1863 von G. Howald und G. Kiez errichtet, was zeigt, wie stolz Reutlingen schon kaum zwanzig Jahre nach dessen Tod auf diesen großen Sohn der Stadt war. Nicht nur der Platz vor dem Bahnhof trägt den Namen des Nationalökonomen List, auch eine Straße, ein Gymnasium und die Festhalle Reutlingens wurden nach ihm benannt. Im Jahre 1989, dem Jahr der 900-Jahr-Feier der Stadt, erhielt in einem Festakt auch ein ICE der Deutschen Bahn den Namen Friedrich List.

Friedrich List

* 6.8.1789 in Reutlingen
† 30.11.1846 in Kufstein
Friedrich List wurde am 6. August 1789 in Reutlingen als Sohn eines Weißgerbers geboren. Nach verschiedenen Tätigkeiten im Staatsdienst wurde er 1817 von König Wilhelm I. als Professor an die staatswirtschaftliche Fakultät der Universität Tübingen berufen. Sein größtes Ziel war die Aufhebung aller Zölle innerhalb des Deutschen Bundes, 1819 schuf er mit der Gründung des Deutschen Handels- und Gewerbevereins wichtige Grundlagen dafür. Mit diesen Vorstellungen geriet er in Konfrontation mit der Regierung, weswegen er, nach Abschrift der „Reutlinger Petition" 1819, im April 1822 zu einer zehnmonatigen Haftstrafe verurteilt wurde, die er 1824 auf dem Hohenasperg antrat. Unter dem Versprechen, nach Amerika ins Exil zu gehen, und unter der Bürgschaft Reutlinger Bürger wurde er wieder entlassen. Nach großen Erfolgen in den USA, wo er das Eisenbahnwesen förderte, kehrte er 1834 als amerikanischer Konsul nach Deutschland zurück und unterstützte die erste deutsche Ferneisenbahn von Leipzig nach Dresden. Am 30. November 1846 nahm sich List, dessen Lebenswerk erst nach seinem Tode hinreichend anerkannt wurde, in Kufstein das Leben.

Wir folgen nun der Karlstraße nach rechts, die wir dann am Beginn der

2 **Wilhelmstraße** überqueren. Hier stand bis Mitte des 19. Jahrhunderts das **Untere Tor**, eines der vier großen Stadttore der mittelalterlichen Stadtbefestigung. Wegen der von hier nach Metzingen in Richtung Stuttgart führenden Straße wurde es auch das Stuttgarter Tor genannt. Des Weiteren ging von hier aus die Straße nach Betzingen und Wannweil weiter, vorbei an der ehemaligen unteren Vorstadt

mit der **Pfarrkirche St. Peter** und dem Friedhof der Stadt. So wie zu früheren Zeiten die Wilhelmstraße „Hauptstraße" genannt war, da sie die wichtigste Durchgangsstraße für Verkehr und Handel zwischen Neckartal und Alb darstellte, so könnten wir die Wilhelmstraße auch heute noch als Hauptstraße bezeichnen, wenn wir sie als Einkaufspassage, Geschäftszentrum und Flaniermeile betrachten. Den Blick in die Stadtmitte gerichtet, werden die Dächer der Wilhelmstraße von der Turmspitze der Marienkirche überragt, von rechts schiebt

10

sich hinter dem **Gerber-und-Fär-**
berbrunnen 2 der Chor der

3 **Nikolaikirche** in die Geschäftigkeit der Fußgängerzone.
An der Stelle einer Kapelle aus
dem 12. Jahrhundert entstand hier
eine gotische Saalkirche mit drei-
seitig geschlossenem Chor, die
1358 eingeweiht wurde. Ganz im
Stil zisterziensischer Baumeister
war die Kirche nicht mit einem
Turm, sondern lediglich mit einem
Dachreiter versehen. Nach der Reformation diente die Kirche zuerst
als Totenkapelle, später als Spei-
cher. 1823 wurde die Nikolaikirche
der neu gegründeten katholischen
Kirchengemeinde Reutlingen bis
zur Errichtung der **St.-Wolfgangs-**
Kirche im Jahre 1910 überlassen.
Bemerkenswert an der Nikolaikirche
ist, dass sie den großen **Stadt-**
brand von 1726, der im benach-
barten Haus seinen Anfang nahm,
unbeschadet überstanden hatte,
was nahezu an ein Wunder grenzt,
wenn bedacht wird, dass dem Feuer
vier Fünftel der Gebäude zum Opfer
fielen.
Wir gehen nun links um die Nikolaikirche herum und biegen nach links
in die Bebenhäuserhofstraße ein.
Hier betreten wir das sogenannte

4 **Gerberviertel**. Die Bebenhäuserhofstraße trägt ihren Namen
nach dem ehemals in dieser Ecke
zwischen Wilhelmstraße und Bebenhäuserhofstraße befindlichen
Bebenhäuser Hof, dem Pfleghof
des Klosters Bebenhausen bei Tübingen, zu dem laut Lagerbuch von
1356 eine große Hofanlage und
eine Kelter gehörten. Von der Bebenhäuserhofstraße zweigen zwei
Straßen nach rechts ab: die Untere
und die Obere Gerberstraße. In
diesem Winkel der Stadt hatten
sich die Reutlinger **Gerber** niedergelassen, einstmals eine einfluss-
reiche Zunft, sie prägte gemeinsam
mit den Tuchmachern das Bild
Reutlingens als die **„Stadt der Ger-**
ber und Färber". Bis heute hat
sich Reutlingen eine wichtige Po-
sition in der Lederbranche erhalten, befindet sich doch eine der
weltweit wenigen Gerberschulen,
das Lederinstitut Gerberschule, in
Reutlingen.
Wir wenden uns in die Untere Gerberstraße und entdecken gleich zu
deren Beginn auf der rechten Seite
die Gaststätte **„Hischhönle"**. Bei
dieser Schreibweise handelt es sich
keineswegs um einen Rechtschreib-
oder Druckfehler. Beim Betrachten
des Wirtshausschildes erkennen wir

als Wappen ein Hirschgeweih mit einer daran hängenden Laterne. Den Reutlingern wurde nachgesagt, dass sie in ihrem ihnen eigenen Dialekt das „r" nicht oder nur kaum aussprachen, und als Reutlingen seine Eigenständigkeit als freie Reichsstadt 1802 an Württemberg aufgeben musste und sich dem württembergischen Geweih unterwarf, wurden die Reutlinger zum „Hi'schhö'nle mit dem Late'nle".

Wir folgen nun der Unteren Gerberstraße und überqueren an deren Ende den **Zentralen Omnibusbahnhof** (ZOB), wo wir gegenüber auf ein Stück der ehemaligen **Zwingermauer** stoßen.

5 In diesem Stück der äußeren Stadtmauer entdecken wir einen kleinen Durchgang, das **Gerbertörle**. Das kleine Tor ermöglichte den Gerbern an einer ihnen nahen Stelle die Stadt zu verlassen, um am dahinterliegenden Gerbersteg in der Echaz ihre Felle zu waschen. Rechts neben dem Durchgang, hinter welchem sich heute eine kleine Gartenwirtschaft befindet, erkennen wir eine kleine Nische in der Mauer.

Als in der Reformation in Reutlingen der Rat der Stadt vorschrieb, dass innerhalb der Stadtmauern keine lateinische Messe mehr gelesen werden durfte, umgingen die Gerber für eine kurze Zeit dieses Interdikt, indem sie außerhalb der Stadtmauer, hier an dieser Nische, ihren traditionellen Gottesdienst abhalten ließen. Die Nische dürfte dem von auswärts gekommenen Priester als Altar gedient haben. Über der Nische ist ein strahlengekränzter Christus dargestellt, daneben zwei Wappen der Gerber: die gekreuzten Schabmesser.

Nachdem wir noch einen Blick auf die Echaz hinter der Mauer geworfen haben ⑬, kehren wir wieder um und treten in die Obere Gerberstraße ein. An deren Ende biegen wir vor der **„Müller-Galerie"**, Reutlingens größter Einkaufspassage, nach rechts in die Glaserstraße und dann in die Hofstattstraße ein.

❻ Die Hofstattstraße hat ihren Namen von der wohl ältesten Siedlung im Bereich der heutigen Altstadt. Es handelt sich hierbei um einen ehemaligen Adelssitz, die **Hofstatt**, die bis ins späte Mittelalter noch eine eigene Befestigungsanlage und einen gemauerten Wohnturm

aufwies. Die Hofstatt schließt sich rechts an die Hofstattstraße an und wird von ihr und der Oberen Gerberstraße sowie der Pfäfflinshofstraße eingeschlossen. In der Hofstattstraße wenden wir uns nach links und begeben uns in die Katharinenstraße. Wenn wir hier nach rechts schauen, sehen wir, umrahmt von vorkragenden Fachwerkhäusern, den unteren Teil der Katharinenstraße, der von einem großen Stadttor überragt wird.

12

7 Wir stehen nun vor der Innenseite des **Tübinger Tores**, einem der vier großen Stadttore der ehemaligen Stadtbefestigung. Das Tübinger Tor, früher Metmannstor genannt, wurde nach 1235 im Rahmen der Errichtung der Stadtmauer erbaut. Deutlich erkennbar sind die charakteristischen Eck- und Buckelquader, der Fachwerkaufsatz stammt von 1330. Durch das Tübinger Tor führte die Straße nach Tübingen, vorbei an der **Tübinger Vorstadt**, die dem Straßenbau in den 1960ern weichen musste. Während in mittelalterlicher Zeit der Türmer

auf dem Tübinger Tor wohnte und ständig nach Gefahren Ausschau hielt (die größten Gefahren waren nicht, wie man meinen könnte, angreifende Feinde, sondern Brände in der Stadt, weswegen der Türmer in erster Linie aufsteigenden Rauch beobachtete), wird der Raum auf dem Turm heute als Empfangszimmer für die Reutlinger Oberbürgermeisterin genutzt.

Wir schreiten nun durch das Tor zu dessen Außenseite, wo wir über dem Torbogen im Dreipass eine Kreuzigungsszene aus dem 14. Jahrhundert entdecken. An der Außenseite der ehemaligen Stadtmauer entlang biegen wir nach links um die Ecke beim Gasthaus „Tübinger Tor" und gehen einige Meter die Rathausstraße entlang. Dort finden wir auf der linken Seite, gegenüber der Parkanlage am neuen Rathaus,

13

8 das **Alte Rathaus**. Es wurde nach dem Stadtbrand 1726 als Ersatz für das abgebrannte Rathaus auf dem Marktplatz erbaut und 150 Jahre als Verwaltungsgebäude genutzt, bis die große Fruchthalle am Markt 1861 zu einem Versammlungssaal und 1874 zum Rathaus umgebaut wurde. (Dieses Rathaus wurde im Zweiten Weltkrieg stark beschädigt und wurde deshalb abgerissen.) Heute dient das Alte Rathaus verschiedenen Einrichtungen als Tagungsort ④. Etwas weiter die Rathausstraße entlang, an der Ecke des Bistros „Alexandre", finden wir die Freitreppe des neuen Rathauses, an deren unterem Ende die **Stadtführungen** durch Reutlingen beginnen. Wir gehen um das Bistro herum und stehen nun vor dem neuen

⑨ Reutlinger Rathaus. Nachdem im Zweiten Weltkrieg das alte Rathaus, welches an derselben Stelle stand, von Bomben zerstört wurde, baute die Stadt unter ihrem Oberbürgermeister **Oskar Kalbfell** (1887–1979) dieses moderne und zweckmäßige Gebäude. In drei Bauteile gegliedert, besteht es aus dem Hauptgebäude für die Verwaltung (links), dem Sitzungsgebäude (über dem „Alexandre") und dem Gebäude für die Stadtwerke (hinteres Gebäude Richtung Lederstraße). Nach Plänen von Prof. Tiedje und Dipl.-Ing. Volz wurde es nach vierjähriger Bauzeit 1966 eingeweiht. Vor dem Ratsgebäude steht die Plastik „Stadtzeichen 1972/86" von O. H. Hadjek. Wir gehen nun nach rechts um das Hauptgebäude herum in die

14

Kanzleistraße und biegen dann wieder rechts in die Rebentalstraße ein. Bevor wir geradeaus auf die **Reutlinger Stadtbibliothek** zugehen, wenden wir uns nach links und folgen der kleinen Mauer am Chor einer gotischen Kapelle. Wir stehen nun vor dem

⑩ Heimatmuseum der Stadt Reutlingen. Deutlich erkennbar sind die zwei Bauphasen dieses Gebäudes: ein älterer Steinbau aus dem 13. Jahrhundert und ein Fachwerkanbau aus dem 16. Jahrhundert. Gebaut als Pfleghof des

Klosters Königsbronn (bei Heidenheim/Brenz), welches die Pfarrrechte der Reutlinger Pfarrei St. Peter innehatte, wurde es 1588 württembergischer Pfleghof. Nach Ende der Reichsstadtzeit war in dem Gebäude der Sitz der **Oberamtei** untergebracht, als Reutlingen Oberamtsstadt wurde. Heute befindet sich in dem Haus das Museum für Stadtgeschichte, das Heimatmuseum ❾. Rechts neben dem Eingang finden wir ein kleines Tor, durch welches wir in den Garten des Heimatmuseums gelangen. Hier befindet sich das Lapidarium des Museums, hier werden steinerne Zeugen der Stadtgeschichte aufbewahrt und Besuchern zum Betrachten angeboten. Gleich links neben dem Eingang innen steht das steinerne Renaissanceportal des ehemaligen **Zwiefalter Hofes** (1557 vom Reutlinger Steinmetz Hans Motz errichtet), dem Pfleghof des Klosters Zwiefalten, dessen Reste nach dem Zweiten Weltkrieg zerstört und abgebrochen wurden. Über dem Portal erkennen wir zwei Wappen: Rechts das Wappen des Abtes Nikolaus Bucher, links das des Klosters Zwiefalten. Dieses Wappen, Balken und Sterne, stellt auch das Wappen der **Grafen von Achalm** dar, die 1089 das Kloster gestiftet hatten. Dieses Wappen gilt heute als das Wappen des Landkreises Reutlingen, da sich der Besitz der Achalmgrafen bzw. des Klosters Zwiefalten in seinem Umfang in etwa mit der Ausdehnung des Landkreises Reutlingen deckt. Die gotische Kapelle des Königsbronner Hofes wurde seit der Reformation nicht mehr als Gotteshaus genutzt. Heute dient es der Stadt Reutlingen als Trauzimmer für Brautleute, die sich in dieser besonders romantischen Atmosphäre das Ja-Wort geben möchten. Entlang der Mauer um den Hof finden wir Grabplatten aus der Marienkirche sowie verschiedene Bauteile wie Spitzbögen, Fialen und andere Werke mittelalterlicher Baumeister. Am Ende der Mauer verlassen wir den Garten durch das Metalltor und sehen vor uns nun von rechts nach links das Rathaus, die **Stadtbibliothek** ❿, dahinter durch die Gasse das ehemalige **Spritzenmagazin** der Feuerwehr, das **Spendhaus** ⓫ und die **Volkshochschule** ⓬.

⓫ Wir wenden uns dem **Spendhaus** zu. Dieses Gebäude stellt einen Teil mittelalterlicher Sozialversorgung dar. 1519 wurde es als

15

Fruchkasten der Spendenpflege erbaut, diente also als Lagerhaus für Feldfrüchte, um einerseits Hunger nach schlechten Ernten vorzubeugen, andererseits aber auch um der armen Bevölkerung der Stadt Nahrung zur Verfügung zu stellen. (Dies im Übrigen nicht nur aus sozial-karitativer Motivation, es galt, die armen Bürger ruhig zu stellen, um den Frieden in der Stadt zu wahren.) Bis 1851 diente das Spendhaus diesem Zweck, danach war hier bis 1891 die Webschule untergebracht, die Vorgängerin des Technikums für Textilindustrie und damit Vorläuferin der Reutlinger Fachhochschulen. Bis 1985 war in seinen Räumen die Stadtbibliothek und bis 1987 das Naturkundemuseum untergebracht. Seit 1989 ist es Sitz des Städtischen Kunstmuseums ⑪. Wir gehen an der Volkshoch-

schule vorbei gerade auf das neugotische Gebäude am ehemaligen

⑫ **Marchtaler Klosterhof** (Pfleghof des Klosters Obermarchtal/Donau) zu, in welchem sich heute der Tempel der Freimaurerloge befindet. An dessen linker Seite können wir noch den Chor der ehemaligen Marienkapelle des Marchtaler Hofes erkennen. Diese Kapelle wurde nach der Reformation als Lagerhaus genutzt und diente im 19. Jahrhundert der Familie des Reutlinger Dichters und Schriftstellers **Hermann Kurz** als Glockengießerwerkstatt.

Auf der gegenüberliegenden Straßenseite sehen wir eine Häuserzeile, die zu den ältesten Süddeutschlands gehören dürfte. Deutlich erkennbar das für die mittelalterliche Zeit typische Vorkragen der Häuser, unter dem Putz altes schwäbisches Fachwerk. Im Anschluss daran wieder das Heimatmuseum, vor welchem wir nach rechts in die Deckerstraße einmünden. Vor uns sehen wir schon den mächtigen Baukörper des

⑬ **Friedrich-List-Gymnasiums**, um welches wir links herum gehen, bis wir im Schatten einer großen Kastanie auf dem Schulhof stehen.

16

großen Stadtbrand 1726, bei dem das Rathaus abgebrannt war, Sitz des Magistrats. Auf dem Platz vor dem Gebäude, hier im Hof, schwor die Bürgerschaft jedes Jahr auf die neu gewählte Ratschaft und auf die Verfassung, weswegen der Hof auch „**Schwörhof**" genannt wurde. Von 1817 bis 1905 war es Kanzlei der württembergischen Kreisregierung (Reutlingen war Sitz des Schwarzwaldkreises), seit 1872 ist hier die Schule, das Gymnasium, untergebracht.

Wir kehren zurück in die Kanzleistraße, vorbei an der **Oskar-Kalbfell-Sporthalle** und wenden uns vor dem Friseurgeschäft nach rechts in die Marchtalerhofstraße. Hier befinden wir uns nun am sogenannten

Bei diesem Gebäude handelt es sich um ein ehemaliges Kloster von Barfüßermönchen (Barfüßer waren eine Gruppe aus dem Franziskaner-Orden), welche bereits 1259 nach Reutlingen kamen, um hier 1273 dieses **Kloster** zu errichten. Bis zur Schließung des Klosters 1535 lebten hier zeitweise neunzig Mönche und ein Abt, zum Kloster gehörte eine ca. 60 m lange, dreischiffige Klosterkirche, die dem Abbruch 1535 zum Opfer fiel und auf der Rückseite des Gebäudes (heute Neubau des Gymnasiums) stand. Nach mehreren Umbauten im 16. Jahrhundert wurde es Spital und nach dem

17

⑭ Oberen Bollwerk, einer ehemaligen, heute abgetragenen Verteidigungsbastion, an deren Stelle 1978 ein Teilstück der mittelalterlichen Stadtmauer wiederaufgebaut werden konnte. Wir gehen nach links weiter, überqueren die Kanzleistraße und biegen in die Jos-Weiß-Straße ein. Sie ist ebenso wie die in ihr befindliche Schule (Backsteingebäude auf der rechten Seite) nach dem ehemaligen Bürgermeister der Stadt Reutlingen **Jos (Jodokus) Weiß** benannt, der Reutlingen durch die Reformation führte und das **Augsburger Bekenntnis** für die Stadt unterschrieb. Nach einigen Metern stoßen wir auf ein weiteres Stück der ehemaligen Stadtmauer, an der wir deutlich Kragbögen erkennen können, die einstmals den aufliegenden hölzernen Wehrgang getragen haben. Vor dem Mauerstück kehren wir nach rechts um und gehen auf den runden Zwingerturm, den

⑮ Eisturm, zu. Als Teil der äußeren Stadtbefestigung waren die Zwingertürme, regelmäßig an die Zwingermauer angebracht, die eigentlichen Wehrtürme der Befestigungsanlage. Erkennbar sind die Schießscharten an der Turmfassade.

18

Diese Zwingertürme waren durch einen unterirdischen Gang miteinander verbunden, um den Wachhabenden ein schnelles Wechseln von Turm zu Turm zu ermöglichen. An die Zwingermauer schloss sich nach außen der mit Wasser gefüllte Stadtgraben an, der nach dem Ende der Reichsstadtzeit und dem Abbruch der Stadtmauern aufgefüllt wurde. Zu dieser Zeit verlor auch der Eisturm seinen militärischen Zweck und er wurde von 1877 bis 1906 als städtischer Eiskeller genutzt. An die Stadtmauer wurden in der Mitte des 18. Jahrhunderts Häuser angebaut, die heute mit viel Liebe wieder

19

hergerichtet worden sind. Dank des großen persönlichen Einsatzes einiger Privatleute finden wir hier einen der reizvollsten Winkel der Altstadt. Wir gehen an den Stadtmauerhäusern entlang, bis wir auf das obere Ende der Wilhelmstraße stoßen.

⑯ Hier, wo die Wilhelmstraße und die Metzgerstraße zusammentreffen, befindet sich der sogenannte **Albtorplatz**, benannt nach dem ehemals hier befindlichen Albtor oder **Oberen Tor**. Von hier aus führte die Straße in Richtung

Schwäbische Alb (über Albstraße) beziehungsweise Richtung Burg Achalm (über Burgstraße). Im Anfangsbereich der Albstraße befand sich in früher Zeit die **Obere Vorstadt**, die mit einer eigenen Verteidigungsmauer umgeben war, da sie sich am häufigsten feindlichen (meist württembergischen) Angriffen ausgesetzt sah. Auf der anderen Seite der Wilhelmstraße treten wir weiter in die Jos-Weiß-Straße ein, wo wir ein weiteres Stück der Stadtmauer bewundern können. Hier hat sich auch ein Teil des Wehrganges erhalten. Am Ende der Gasse finden wir den

⑰ Kesselturm, einen Eckturm der Stadtmauer, welcher der Stadt zeitweise auch als Gefängnis diente. An dieser Stelle können wir auch gut die doppelte Verteidigungslinie einer mittelalterlichen Stadt erkennen: Innen die dicke und hohe Stadtmauer, dazwischen ein Freiraum („**Zwinger**" genannt), der teilweise überdacht als Zeughaus genutzt wurde, außerhalb des Zwingers die Zwingermauer mit angebauten Zwingertürmen und, als äußerster Ring, der Stadtgraben, der nur an wichtigen Toren über eine Brücke zu überqueren war. Erkennbar ist hier auch der Verlauf der Stadtmauer, die hier im rechten Winkel von der Jos-Weiß-Straße abknickt und geradewegs zum Gartentor und dann weiter bis zur Karlstraße führt. Wir folgen dem Verlauf der Stadtmauer einige Meter, um dann nach links in die Spreuerhofstraße zu gehen.

⓲ Der **Spreuerhof** war ursprünglich ein Getreidelager für das Reutlinger Spital, heute einer der letzten erhaltenen Winkel der mittelalterlichen Stadt. Wenn wir rechts in den Spreuerhof hineingehen, können wir einen Blick zurück in die Enge des mittelalterlichen Reutlingens werfen. Was hier schon beinahe dörflichen Charakter hat, ist das Resultat mittelalterlichen Städtebaus, als aufgrund der einengenden Mauern jeder freie Winkel genutzt werden musste, um der wachsenden Bevölkerung Wohn- und Arbeitsraum geben zu können. Was in früher Zeit aus der Not und Bedrängnis der Menschen entstand, hat sich heute als ein Idyll in unserer modernen und hektischen Zeit erhalten. Im Hof ganz hinten links finden wir einen kleinen Durchgang zur Mauerstraße, die **engste Gasse** Reutlingens (seit 2007 im Guinnes-Buch der Weltrekorde eingetragen!). Wer sie durchqueren möchte, sollte allerdings den Rucksack abnehmen, seitlich zwischen den Mauern durchschlüpfen und möglichst nicht an Platzangst leiden. (Der Gang ist aber nur ca. 3 m lang, dafür nur ca. 30 cm breit.) Wir kehren in die Spreuerhofstraße zurück und folgen ihr bis an ihr Ende an der Metzgerstraße. Wenn wir der Metzgerstraße nach rechts folgen, können wir schon sehr bald den Chor der **Marienkirche** erkennen, auf die wir nun zugehen.

20

21

⑲ Wir nähern uns dem Gesamtwerk der Marienkirche, indem wir die Kirche mit offenen Augen umrunden. Auffallend ist zunächst einmal der massive Baukörper, der noch nicht die filigranen Arbeiten der Spätgotik aufweist, offene, durchbrochene Wände, große Fensterfronten und luftige Strebeanlagen fehlen in Reutlingen noch weitgehend. Weiterhin auffällig ist der rechtwinklige Chor, der auf einen spätromanischen Baubeginn und auf einen Einfluss der Zisterzienser hinweisen könnte.

Nach der Legende gelobten die Reutlinger, als sie 1247 von den Truppen des stauferfeindlichen Gegenkönigs Heinrich Raspe belagert wurden, dass sie der heiligen Maria eine Kirche erbauen wollten, wenn sie von der Belagerung verschont blieben. Tatsächlich, als die Feinde abzogen, erfüllten die Geretteten ihr Versprechen und begannen, dieses prächtige Bauwerk zu errichten. Als Längenmaß für die Kirche soll ein **Sturmbock** gedient haben, welchen die Feinde bei ihrem Rückzug zurückgelassen hatten. Dieser Sturmbock wurde – als Zeichen Reutlinger Unabhängigkeit und reichsstädtischen Stolzes – bis zum Jahre 1517 im Kirchenschiff aufbewahrt, von wo er auf Geheiß des Kaisers Maximilian I. entfernt werden musste. Der Transport des riesigen Sturmbockes aus der Kirche stellte sich allerdings als schwieriges Unterfangen dar, da der Platz vor dem Westportal, durch welches das Ungetüm unbeschadet aus der Kirche hätte getragen werden können, bereits bebaut war. Doch wussten die Reutlinger sich in dieser Situation zu helfen: Sie brachen ein Loch in die Chorwand, durch welches sie den Sturmbock aus der Kirche in die gegenüberliegende Pfarrgasse (heute Aulberstraße) schieben konnten, und hängten denselben an der Außenwand des neu erbauten Rathauses auf (wo er mitsamt dem Rathaus beim großen Stadtbrand 1726 vernichtet wurde). In 96 Jahren, von 1247 bis 1343, wurde unter verschiedenen Baumeistern, von welchen wir die Namen leider nicht kennen, dieses Schmuckstück schwäbischer Gotik erbaut. Als Besonderheiten am Außenbau seien der große Wimperg an der Westfassade, die Giebelarbeit an der Chorfassade und der massive, 73 m hohe Hauptturm mit dem vergoldeten Engel auf seiner Spitze genannt. Im Innenraum bewundern wir die künstlerischen Steinmetzar-

der Ausstattung und der Architektur finden Sie im Kirchenführer, der in der Marienkirche zu erwerben ist.) Reformation, Stadtbrand und Zeitgeist hinterließen auch in der Marienkirche zahlreiche Spuren, die verschiedene Restaurierungen nötig machten. Der beim Stadtbrand 1726 abgebrannte Nordostturm, der ursprünglich höher als sein südöstliches Pendant war, wurde nur noch bis zur Höhe seines Partners aufgebaut. Der zerstörte Innenraum wurde nur dürftig wiederhergestellt, im Stil der damaligen Zeit fand hier eine Barockisierung der Innenarchitektur statt. Ende des 19. Jahrhunderts wurde die Notwendigkeit einer grundlegenden Restaurierung erkannt, die in den Jahren 1893 bis 1901 unter Baurat Dolmetsch, einem Anhänger des Historismus, ausgeführt wurde. Dieser versuchte nun, das ursprüngliche gotische Erscheinungsbild der Marienkirche wiederherzustellen, sowohl Innen- als auch Außenbereich wurden unter seiner Leitung im alten Stil wieder auf- und teilweise umgebaut.

beiten am **Heiligen Grab** (an der Chorwand) und am **Taufstein**. An dem achteckigen Taufstein aus dem Jahre 1499 sind an den Seiten die sieben Sakramente der katholischen Kirche und die Taufe Jesu am Jordan dargestellt. Auch finden wir im Innenraum einige Wandbilder, die Bildersturm und Stadtbrand sowie diverse Renovierungsarbeiten überstanden haben. Hier sei vor allem auf die Wandbemalungen in der südöstlichen **Katharinenkapelle** (Sakristei) und auf Wandbilder in der westlichen Vorhalle hingewiesen. (Ausführliche Beschreibungen

Die Marienkirche Reutlingen wurde 1988 zum **„Nationalen Kulturdenkmal"** erklärt. (Öffnungszeiten: Dienstag bis Freitag 10–13 Uhr und 15–17:30 Uhr.)

Wir verlassen die Marienkirche durch das sogenannte **Brautportal** neben dem Taufstein. Direkt gegenüber treffen wir auf das alte

⑳ Lyzeum. Im Jahre 1728 wurde das Gebäude nach dem großen Brand von 1726 von Frhr. Johann Thomas von Rauner aus Augsburg und Wolf Christoph Winkler von Mohrenfels aus Nürnberg als Schulgebäude für die lateinische Knabenschule sowie für die deutsche Knaben- und Mädchenschule gestiftet. Seit 1998 befindet sich hier die städtische Naturaliensammlung, das **Natur-kundemuseum ⑥**, welches zuvor im Spendhaus untergebracht war. Wir gehen nun am **Kirchbrunnen ⑦** vorbei und schwenken nach rechts in die Wilhelmstraße. Kurz werfen wir am Beginn der Oberamteistraße einen Blick auf den **Zunftbrunnen ⑥** und das dahinter stehende Heimatmuseum. Weiter in der Wilhelmstraße entdecken wir am Gebäude der Osianderschen Buchhandlung (der größten Buchhandlung der Region) ein kleines Hinweisschild an der Wand. In diesem Gebäude wurde 1789 Friedrich List geboren, weshalb dieses Haus **Listhaus** genannt wird. Wenige Meter weiter gelangen wir auf den sich uns öffnenden

㉑ Marktplatz mit dem Marktbrunnen **③**. Der Markt ist nicht nur der geografische Mittelpunkt einer Stadt, er stellt auch das Handelszentrum und Kommunikationszentrum der Stadt dar. Deutlich wird dies, wenn wir an einem der Markttage (Dienstag und Samstag, im Sommer zusätzlich Donnerstag) über den **Wochenmarkt** gehen und die Menschen nicht nur beim Einkaufen, sondern auch beim „Schwätza" beobachten können. Der Reutlinger Wochenmarkt ist im Übrigen einer der größten Wochenmärkte Baden-Württembergs, hier wird von Kartoffeln über Obst bis hin zu Lachs und Oliven (fast) alles angeboten, was gebraucht oder gewünscht

23

24

wird. Wenn gerade kein Markt in Reutlingen ist, können wir auf dem Straßenbelag des Marktplatzes die Umrisse des Renaissance-Rathauses betrachten, welches dem großen Brand 1726 zum Opfer fiel. Der Grundriss des alten Rathauses, welches in der Mitte des 16. Jahrhunderts von Hans Motz gebaut wurde, und die umgebenden Säulen sind mit roten Pflastersteinen auf dem Boden markiert. Der Marktplatz wurde ab 1980 vom Verkehr befreit und in dieser anschaulichen Weise neu gestaltet, nachdem 1974 die letzte Straßenbahn durch die Wilhelmstraße nach Eningen gefahren war. Gegenüber dem Marktbrunnen steht das große Reutlinger Spital.

㉒ Vom Marktplatz aus erkennbar ist der rechte Teil des Baus, die ehemalige **Heilig-Geist-Spitalkirche**, von der nur noch ein spitzbogiges Portal und zwei gotische Fenster erhalten sind. Als „neues Spital" wurde es 1333 zum ersten Mal erwähnt und kam 1539 in den Besitz der Stadt. Ursprünglich als Krankenspital genutzt, wurde das Spital im Spätmittelalter zum Pflegeheim für betuchte Bürger, zu einer Art „Pflegeversicherung", da sich Bürger der Stadt in das Spital

„einkauften", ihm Geld und Ländereien überschrieben, um im Alter das Recht zur Pflege zu erhalten. So wurde das Spital zur reichsten Einrichtung der Stadt (als Beispiel sei angeführt, dass sich das gesamte Dorf Wannweil zeitweise komplett im Besitz des Reutlinger Spitals befand), sodass die Stadt in Krisenzeiten beim Spital Kredite aufnehmen konnte. Die Spitalkirche war zudem auch die Kirche des Reutlinger Rates, vom alten Rathaus führte ein unterirdischer Gang zum Spital und zum ehemaligen **Bürgerhaus** (größtes Haus der Stadt, 1726 abgebrannt, heute Modehaus Zinser). Am Übergang von der Kapelle zum Hauptgebäude erspähen wir unter dem Dachsims ein altes Prangerbild, einen Kopf mit Hörnern, eingerahmt von einer Frauen- und einer Männergestalt. Dieses Prangerbild diente dem Reutlinger Männerverein, der Reutlinger Karnevalsgesellschaft, als Vorbild für das Reutlinger **„Schandele"**, die Fasnetsmaske („Häs") der Reutlinger Karnevalisten. Links über dem Torbogen erkennen wir den Reichsadler mit dem Wappen der Stadt Reutlingen und dem Wappen des Spitals (gekreuzte Krücken). Wir treten nun durch das Tor in den **Spitalhof** ein, in dessen Durchgang sich das Konzertbüro und der Spitalhofsaal sowie im Hof der Eingang zum **Theater in der Tonne** ❸ befindet. Im Hof finden wir links neben dem Eingang zum Theater den Spitalbrunnen von 1755 mit aufgesetztem Obelisken, auf welchem wieder das Spitalwappen dargestellt ist. Wir durchqueren den Spitalhof, überqueren die Metzgerstraße und folgen der gegenüberliegenden Spitalstraße, wo wir an einen kleinen Platz mit Brunnen gelangen ❹, der vom

㉓ Gartentor überragt wird. Das Gartentor wurde 1392 erstmals als „Neues Tor" genannt. Bis 1700 blieb das Tor für den Verkehr geschlossen, es führte auch keine Straße unter ihm hindurch (es gab hinter dem Tor nicht einmal eine Brücke über den Stadtgraben). Dennoch war es eines der vier großen Tortürme, die Aufgaben des Türmers wurden von hier aus ebenso erfüllt wie von den anderen Türmen aus. Außerdem diente das Gartentor in reichsstädtischer und teilweise auch in württembergischer Zeit als Gefängnis. Heute ist im oberen Fachwerkaufbau der **Reutlinger Männerverein** untergebracht, der das Gartentor in Eigenregie restauriert und den Innenbereich moder

nisiert hat. Wir gehen nun durch das Gartentor hindurch nach links in die Mauerstraße, die dem unteren Teil der Stadtmauer folgt. Die rechts parallel verlaufende Gartenstraße liegt etwas höher als die Mauerstraße, da sie nach dem Auffüllen des Stadtgrabens angelegt wurde. Nach dem Gasthaus „Achalm" biegen wir nach links in die Hirschstraße ein und wenden uns dann nach rechts in die Metzgerstraße. Während Reutlingen sich in der Wilhelmstraße von ihrer Schokoladenseite zeigt, war die Metzgerstraße immer die Rückseite der Prachtstraße mit Höfen und Ställen. Dieser untere Teil der Metzgerstraße mündet am sogenannten Unteren Bollwerk in die Karlstraße, auf deren anderer Straßenseite wir schon unseren Ausgangspunkt, den Park vor dem Hauptbahnhof, erkennen können.

Zum Schluss ein kleiner roter Tipp: Sollten Sie einen Rundgang durch die Altstadt von Reutlingen mit einem erfahrenen Stadtführer wünschen, dann schauen Sie doch einfach bei der Tourist-Information im Kronprinzenbau vorbei und erkundigen Sie sich nach der nächsten Stadtführung oder buchen Sie eine individuelle Stadtführung für Sie und Ihre Bekannten.

Kultu$\mathcal{R}$Trip – Museen, Galerien, Theater, ...

Folgen Sie diesem Rundgang durch die Altstadt, dann werden Sie in einem Zug die Galerien, Museen und kulturellen Einrichtungen der Stadt Reutlingen entdecken (Öffnungszeiten im Kapitel „In Reutlingen Kultur erleben").

1 Wir beginnen unseren Kultu$\mathcal{R}$Trip am unteren Ende der **Wilhelmstraße 2**. Umgeben von türkischen Spezialitätenrestaurants und Imbisslokalen erkennen wir gleich zu Beginn eine Facette Reutlinger Kultur: die Einkaufskultur. Die Fußgängerzone Wilhelmstraße ist das Herz der Einkaufsstadt Reutlingen, dessen Pulsschlag wir auf Schritt und Tritt vernehmen können, wenn wir das geschäftige Treiben der Einkaufenden beobachten.

Wir folgen dieser Hauptschlagader und passieren die **Nikolaikirche 3**. Vorbei an Geschäften verschiedenster Art entdecken wir auf der linken Straßenseite die Hirschapotheke.

2 In diesem Haus wurde 1876 der Reutlinger Dichter **Ludwig Finckh** geboren.

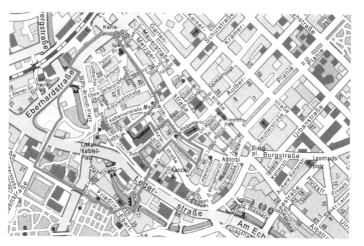

Ludwig Finckh

* 21.3.1876 in Reutlingen
† 8.3.1964 in Gaienhofen
(Bodensee)
Ludwig Finckh wurde 1876 als
Sohn des Hirschapothekers
Rudolf Finckh geboren. Während
seines Jurastudiums in Tübingen
schloss er Freundschaft mit dem
Buchhändler Hermann Hesse. 1899
wechselte er zum Medizinstudium
nach Berlin und Freiburg, wo er
1904 promovierte. Nach seiner
Assistentenzeit in Aachen und bei
Fulda lebte er von 1905 an als
freier Schriftsteller in Gaienhofen
am Bodensee. Als Verfasser von
schwäbischen Heimatromanen und
zahlreichen Lyrikbänden machte er
sich bald einen Namen. Werke wie
der „Rosendoktor", „Rapunzel" und
die „Reise nach Tripsdrill" lassen
Finckhs Heimatverbundenheit
und die Nähe zu seiner Vaterstadt
Reutlingen erkennen. Am 8. März
1964 starb Ludwig Finckh in
Gaienhofen, seine Urne wurde
gemäß seinem Wunsche am Fußweg
zur Achalm beigesetzt.

An der freien Fläche des **Marktplatzes** ㉑ angelangt, wenden
wir uns auf der linken Seite dem
Torbogen des **Spitalhofes** zu ㉒.

❸ Im Durchgang befindet sich
rechts der Eingang zum Spitalhof-

saal, einem Veranstaltungssaal für
Konzerte, Theater und Ausstellungen, und zu den Räumen der Reutlinger Stadtkapelle. Gegenüber im
Durchgang ist das Reutlinger Konzertbüro am Markt untergebracht,
wo Sie Eintrittskarten zu den
verschiedensten Veranstaltungen
in der gesamten Region erwerben
können. Wenn Sie noch einige
Schritte weiter in den Spitalhof
gehen, dann hören Sie, vorausge-
setzt, Sie sind an einem Schultag
nachmittags unterwegs, aus allen
Fenstern Musik. Im Fachwerkbau
des Spitalhofes ist die **Reutlinger
Musikschule** untergebracht, das
rosa Gebäude nutzt das **Friedrich-**

25

List-Gymnasium ⑬ für seine unteren Klassenstufen. Vor dem Ausgang Richtung Marktplatz sehen wir auf der linken Seite den gläsernen Eingang zum **Theater in der Tonne**, das Reutlinger Stadttheater. Die Reutlinger Theatermacher haben in den letzten Jahren immer wieder durch außergewöhnliche und künstlerisch hochwertige Produktionen überregional auf sich aufmerksam gemacht, ein Besuch in den Gewölbekellern der „Tonne" lohnt sich allemal. Wieder zurück auf dem Marktplatz, überqueren wir diesen in Richtung Rathaus, an welchem wir rechts vorbeigehen.

④ Einige Meter die Rathausstraße weiter sehen wir auf der rechten Seite das **„Alte Rathaus"** ⑧, in welchem außer einem Jugendclub im Gewölbekeller („Hades") auch verschiedene öffentliche Einrichtungen ihre Veranstaltungen abhalten. Nun drehen wir uns nach links und gehen auf das Verwaltungsgebäude des

⑤ **Reutlinger Rathauses** zu ⑨. In diesem Gebäude finden wir eine großzügige offene Eingangshalle, die ebenfalls für diverse Ausstellungen genutzt wird.

26

Nun wenden wir uns der Kanzleistraße zu, in die wir rechts einschwenken, und biegen gleich wieder links in die Begerstraße ein. Diese Straße trägt ihren Namen nach dem ehemaligen Reutlinger Bürgermeister **Matthäus Beger** (1588–1661), der als Stifter der Reutlinger Stadtbibliothek gilt. Am Ende der Begerstraße kehren wir wieder in das lebendige Geschäftsleben der Wilhelmstraße zurück und wenden uns nach rechts der **Marienkirche** zu ⑲, nachdem wir auf der linken Seite das Geburtshaus des Reutlinger Dichters und Schriftstellers Hermann Kurz

entdeckt haben (Haus Nr. 95 ③).
Nach der Marienkirche gehen wir
ein Stück nach links auf das große
Fachwerkgebäude, das ehemalige
Lyzeum, zu ⑳.

⑥ Seit 1998 befindet sich in diesem Haus das **Naturkundemuseum**
Reutlingen. Hier erfahren Sie das
Wichtigste über das Entstehen der
Erde, das Werden des Lebens und
die Entwicklung der Lebewesen
von den ersten Einzellern bis zum
Menschen. Gesteine und Mineralien
geben Auskunft über Geschichte

und Beschaffenheit unserer Schwäbischen Alb, Tier- und Pflanzen-
sammlungen lassen erahnen, welche Artenvielfalt in unserer Region
zu finden ist.

Wir kehren wieder in die Fußgängerzone zurück und folgen ihr noch
einige Meter weiter nach links, bis
wir nach der Metzgerei Göbel nach
rechts in die Nürtingerhofstraße
schwenken. Nach dem Drachenla-
den „Sputnik" wenden wir uns nach
rechts in die Museumstraße.

⑦ An deren Beginn steht links der
ehemalige **Salemer Hof**, der 1738
als Pfleghof an das Nürtinger Spital
verkauft wurde. 1820 befand sich
in diesen Räumen die erste Reutlinger Museumsgesellschaft, die der
Straße ihren Namen gab, nach 1843
die königliche Finanzkammer. (Ein
Direktor dieser Kgl. Finanzkammer
war der Vater von Gustav Werner,
dem Gründer der Gustav-Werner-
Stiftung „Zum Bruderhaus".) Heute
befindet sich darin der städtische
Kindergarten.

⑧ Ein paar Schritte weiter entde-
cken wir auf der rechten Seite das
Haus der Jugend, in welchem der
Stadtjugendring mit verschiedenen
Jugendeinrichtungen und einem

Jugendcafé untergebracht ist. Am Ende der Museumstraße biegen wir nach links in die Oberamteistraße, wo wir auf das große Fachwerkgebäude, das **Heimatmuseum** Reutlingen ⑩, zugehen.

⑨ Seit 1939 ist hier das **Heimatmuseum** eingerichtet, es wurde 1996 umgebaut und neu eröffnet. Im Innern befinden sich das Museum für Stadtgeschichte mit einer originalen Weingärtner-Zunftstube, einem Friedrich-List-Zimmer, einer Kapelle aus der Reformationszeit,

28

einem Luftschutzkeller aus dem Zweiten Weltkrieg und Räume für wechselnde Ausstellungen im Obergeschoss. Der Garten des Heimatmuseums wird als Lapidarium genutzt sowie im Sommer zu verschiedenen Veranstaltungen wie Theater und Konzerten. Wenn wir rechts um Museum und Garten herumgehen, stoßen wir auf die

⑩ Reutlinger **Stadtbibliothek**. Sie geht auf eine Stiftung des ehemaligen Bürgermeisters **Matthäus Beger** von 1652 zurück und war bei ihrer Einweihung im Jahre 1985 mit 4800 m² die flächengrößte und modernste öffentliche Bibliothek Baden-Württembergs. Auch hier finden regelmäßig Ausstellungen und Autorenlesungen statt sowie diverse literarische Veranstaltungen für Kinder. Das Falkenauge vor dem Gebäude wurde 1985 von der Eninger Künstlerin Gudrun Krüger geschaffen. Links neben der Stadtbibliothek steht das

⑪ **Spendhaus** ⑪, ehemals Fruchtkasten der Spendenpflege, später Webschule, Naturkundemuseum und Stadtbibliothek, seit 1989 **Städtisches Kunstmuseum** mit Schwerpunkt Holzschnitt.

**Helmut Andreas Paul
Grieshaber**

* 15.2.1909 in Rot an der Rot
† 12.5.1981 in Eningen
HAP Grieshaber kam 1926 nach
Reutlingen, wo er eine Lehre als
Schriftsetzer und Buchdrucker
begann. Bald schrieb er sich in
Stuttgart an der Staatlichen Kunst-
gewerbeschule im Fach Kalligra-
phie ein, wo er die wichtigsten
Inspirationen im Umgang mit
Wort und Schrift für sein späteres
künstlerisches Leben schöpfte.
Nach mehreren Auslandsreisen in
den Jahren 1931 bis 1933, die
Grieshaber nach England, Ägypten
und Griechenland führten,
entstanden in der anschließenden
Zeit die „Reutlinger Drucke",
kleine Kunstbände oder Einzel-
blätter in kleiner Auflage.
Grieshaber hat in den folgenden
Jahrzehnten den Holzschnitt
maßgeblich geprägt, teilweise
neu definiert und den plakativen
Holzschnitt auch für politische
Zwecke einzusetzen gewagt. So
sind neben den Kunstplakaten
politische Stellungnahmen für
Amnesty International, gegen
das Regime in Griechenland
und für die Solidarität mit
Unterdrückten in Chile entstanden.
Bedeutend auch der „Sturmbock"
im Reutlinger Rathausfoyer
mit Szenen aus der Reutlinger
Stadtgeschichte.

Als Dauerausstellung sind Werke des
Reutlinger Künstlers **HAP Gries-
haber** (1909–1981) zu sehen, im
Untergeschoss befindet sich ein
Holzschnittatelier für jedermann,
wo Holzschnitt und Drucktechnik
gelernt werden können.
Weiter links das Gebäude der

⑫ **Volkshochschule Reutlingen**
(VHS), das Fort- und Weiterbil-
dungszentrum mit **Musikschule,
Fachschule für Beschäftigungs-
und Arbeitstherapie** (Ergothera-
pie), Veranstaltungsräumen und einer öffentlichen Cafeteria. Nach
der VHS biegen wir nach rechts und
überqueren die Lederstraße an der
Fußgängerampel. Während wir auf
„grün" warten, drehen wir uns noch
einmal um und sehen das **Matthäus-Alber-Haus**, das Gemeindehaus
der evangelischen Marienkirchenge-
meinde, das mit seinen Sälen ebenfalls für Veranstaltungen kultureller
Art zur Verfügung steht.
Auf der anderen Straßenseite entdecken wir einen großen Backsteinbau mit Turm, das ehemalige
„Spritzenmagazin" der Freiwilligen
Feuerwehr. Das Objekt wird in den
nächsten Jahren zu einem Wohn-
und Geschäftsgebäude umgestaltet,
ein Gastronomiebetrieb lädt zum

Matthäus Alber

* 4.12.1495 in Reutlingen
† 1.12.1570 in Blaubeuren
Schon 1521 hatte die Stadt Reutlingen die Stelle eines Predigers zu vergeben, die der Goldschmiedesohn Matthäus Alber (auch Aulber) nach seinem Theologiestudium antrat. 1524 führte er in Reutlingen den deutschsprachigen Gottesdienst ein, im selben Jahr brach er das Zölibat. Unter seiner Prädikatur wechselte die freie Reichsstadt Reutlingen zum neuen evangelischen Glauben, trotz aller Drohgebärden von Seiten der Kirche und des Kaisers. Der Reutlinger Bürgermeister Jos Weiß unterzeichnete dann auf Initiative Albers auf dem Augsburger Reichstag im Jahre 1530 das Augsburger Glaubensbekenntnis (Confessio Augustana), wodurch Reutlingen zu den Vorreitern des neuen Glaubens im Reich gezählt werden muss. 1548 nahm Alber die zweite Stelle der Stuttgarter Kirchenleitung an, bevor er 1563 im Kloster Blaubeuren zum Abt gewählt wurde. Dort starb er dann am 1. Dezember 1570.

Verweilen neben altem Mühlrad und dem Lauf der Echaz ein. Der Rundgang geht jedoch nicht nach rechts zum ehemaligen Feuerwehrhaus, sondern geradeaus durch den Torbogen in Richtung Echaz.

Hinter der Häuserzeile, vom Straßenverkehr verschont, folgen wir dem Weg über die Echazbrücke und steigen die Stufen des „Frankonenweges" hinauf (Rollstuhlfahrer und KinderwagenschieberInnen müssen die Treppen leider in einem großen Bogen über die Lederstraße, die Alteburgstraße und die Friedrich-Ebert-Straße umfahren), wo sich am Ende links die

⓭ „Uhlandhöhe", das Vereinsgebäude des **Reutlinger Liederkranzes**, befindet. Im großen Tagungssaal, der an die Gaststätte angeschlossen ist, finden sowohl kulturelle als auch politische Veranstaltungen statt. Wenn wir die Friedrich-Ebert-Straße überquert haben, betreten wir die **Pomologie** ❾, wo wir gleich zu Beginn den Weg nach rechts einschlagen. An den Kräutergärten und dem Terrarium vorbei gehen wir geradewegs auf den Fußgängersteg über die Alteburgstraße zu. Von dort aus haben wir einen schönen Ausblick auf das **Tübinger Tor** ❼.

⓮ Geradeaus können wir schon die **Friedrich-List-Halle** erkennen, die Reutlinger Fest- und Konzerthalle. Diese wurde 1938 erbaut und dient den Reutlingern als Raum für die verschiedensten Arten von Veranstaltungen wie Konzerte, Theater, Tanzabende und Messen. Auch finden hier die regelmäßigen Konzerte der **Württembergischen Philharmonie Reutlingen** statt, dem international bekannten und renommierten Orchester Reutlingens. Gegenüber der Friedrich-List-Halle entdecken wir die **Jahn-Turnhalle**, Reutlingens erste Sporthalle, die 1897 im damals üblichen Backsteinbau errichtet wurde. Daran anschließend lädt die **Rennwiese** zum „Rennen", zu Leichtathletikübungen, ein. Am Ende der Straße biegen wir rechts in die Fortsetzung der Frauenstraße ein, zwischen den Gebäuden der ehemaligen Frauenarbeitsschule und der Mädchenmittelschule (heute: Eichendorff-Realschule) und folgen dem Weg abwärts bis zu einem weiteren Steg über die Konrad-Adenauer-Straße. Von diesem Steg aus hat man einen schönen Blick auf das sogenannte „Krankenhäusle", dem ehemaligen Krankenhausbau der hier ansässigen **Gustav-Werner-Stiftung**, und das Gelände an der Echaz.

⑮ Auf diesem Gelände wird in naher Zukunft eine neue **Stadthalle**

Gustav Werner

* 12.3.1809 in Zwiefalten
† 2.8.1887 in Reutlingen
Gustav Werner war von 1834 an Vikar in Walddorf, nachdem er in Tübingen und Straßburg Theologie studiert hatte. Mit zehn Kindern und zwei Helferinnen kam er 1842 nach Reutlingen, um sich im Haus „Gotteshilfe" um die armen und verwaisten Kinder zu kümmern. Aus dieser Initiative heraus entwickelte sich unter dem Engagement Werners die Gustav-Werner-Stiftung „Zum Bruderhaus", eine Einrichtung mit (Lehr-)Werkstätten, einer Papierfabrik, einer Maschinenfabrik u.v.m. In dieser Stiftung wurden Unternehmer als Sponsoren eingespannt, arme und verwaiste Kinder konnten hier eine ihren Fähigkeiten entsprechende Ausbildung erhalten. So genoss beispielsweise der spätere Automobilingenieur Karl Maybach seine erste Ausbildung in der Gustav-Werner-Stiftung. Heute ist die Stiftung an das evangelische Diakonische Werk angegliedert und bildet in seinen Werkstätten hauptsächlich geistig und körperlich benachteiligte Menschen aus.

gebaut werden. Ein Kraftakt, den die Großstadt Reutlingen zu unternehmen hat, will sie mit anderen Großstädten der Region Schritt halten. Wir überqueren nun den großen Platz in Richtung Echaz, der wir bis zum Ende des **Zentralen Omnibusbahnhofes** (ZOB) folgen. An der nächsten Fußgängerampel wagen wir uns nun über die Eberhardstraße und wenden uns dem großen Backsteinbau auf der anderen Straßenseite zu.

🔟 In diesem Gebäude, der ehemaligen Metalltuch- und Maschinenfabrik Christian Wandel, befindet sich seit 1989 das Museum für moderne Kunst, die **Stiftung für Konkrete Kunst**. Außerdem finden wir hier die städtische Galerie in der Stiftung und, angrenzend an das Hauptgebäude, das **Industriemagazin des Heimatmuseums**. Wenn wir uns nun an der Eberhardstraße umblicken, erkennen wir die lang gestreckte Karlstraße und ihre Kreuzung mit der Wilhelmstraße, wo wir unseren Kulturtrip begonnen haben.

Zum Schluss noch ein kleiner orangefarbener Tipp: Am Hauptbahnhof unter den Arkaden des Kronprinzenbaus befindet sich das Büro der Tourist-Information Reutlingen. Dort finden Sie Informationsmaterial über alle kulturellen Einrichtungen und Veranstaltungen in und um Reutlingen.

29

25 Tor zum Spitalhof
26 Detailansicht vom Rathaus
27 Naturkundemuseum
28 Oberamteistraße
29 Das Flüsschen Echaz am
   Zentralen Omnibusbahnhof

rechte Seite: Spitalhof

25 Gate of the Spitalhof
26 Detail of the townhall
27 Museum of natural science
28 The Oberamteistraße
29 Echaz-river at central
   bus station

right:
The Spitalhof, former hospital

25 La porte du Spitalhof
26 Détail de l'hôtel de ville
27 Musée des sciences de la nature
28 La Oberamteistraße
29 Rivière Echaz à la station
   centrale des autobus

à droite: le Spitalhof, ancien hôpital

Wasse*R*Tour – Brunnen in Reutlingen

Wenngleich Reutlingen auch nicht typische Wasserstadt ist, nicht an einem der größeren Flüsse liegt und auch keine Seepromenade aufweisen kann, so bietet Reutlingen doch mit seiner großen Zahl an Brunnen und seinem kleinen Flüsschen Echaz dem Besucher so allerhand Erfrischendes.

1 Ausgangspunkt dieses Rundganges ist der Platz vor dem **Hauptbahnhof.** Der Springbrunnen in der Mitte der üppig bepflanzten Parkanlage heißt den Besucher, der mit der Bahn angereist kommt, willkommen. Zwischen Schiene und Straße ist er gelegen, wie die Stadt selbst, Verkehrsknotenpunkt, Zentrum reger Geschäftigkeit. Wir wenden uns in Richtung Karlstraße, der Hauptverkehrsader in Reutlingen, und überqueren sie an der Fußgängerampel, jedoch nicht ohne einen Blick auf das Standbild **Friedrich Lists** zu werfen **1**. Stolz steht er

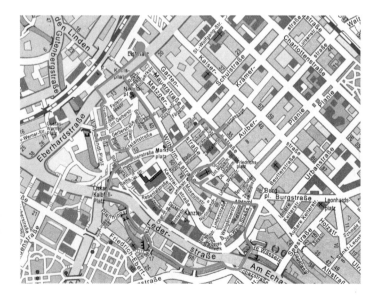

da, den Blick in die Zukunft gerichtet, war er doch der erste Vordenker eines vereinten Europas, Vorreiter des freien Handels, Wegbereiter des Schienenverkehrs. Auf der gegenüberliegenden Straßenseite wenden wir uns nach rechts bis zum Beginn der Fußgängerzone.

Wir betreten die Wilhelmstraße, Reutlingens Einkaufsmeile ②. Über den Häusern sehen wir schon den Turm der **Marienkirche**, vor uns in 50 m Entfernung den Chor der **Nikolaikirche** ❸.

② Hier am Nikolaiplatz entdecken wir den **Gerber-und-Färberbrunnen**. Er wurde 1921 vom Stuttgarter Prof. Josef Zeitler an Stelle eines Renaissancebrunnens errichtet. Auf diesem ehemaligen **Löwenbrunnen** thronte in der Mitte ein Löwe, der das Reutlinger Stadtwappen in seinen Pranken hielt. Der jetzige Vier-Röhren-Brunnen stellt einen Gerber mit Schabbock und Messer sowie einen Färber mit Färberkessel bei der Arbeit dar und weist damit auf die zwei wichtigen Reutlinger Handwerksbereiche hin: Lederindustrie und Textilwesen. Bis heute beherbergt Reutlingen eine der wenigen **Gerberschulen** der Welt, Schüler aus allen Kontinenten kommen in die Stadt, um das Handwerk des Gerbers und die Finessen der Lederverarbeitung zu lernen. Auch die Textilindustrie war und ist wesentlicher Bestandteil des Reutlinger Wirtschaftswesens. Die Reutlinger Firma **Ulrich Gminder** beispielsweise wurde mit ihrem Gminder-Halblinnen weltberühmt, das **Otto-Johannsen-Technikum** für Textil, heute an die Fachhochschule angeschlossen, bildet Modeschöpfer, Textilingenieure und dergleichen mehr aus. Wir folgen nun der Wilhelmstraße bis zum **Marktplatz** ㉑, wo schon ein weiterer Brunnen uns zum Verweilen (oder Erfrischen?) einlädt:

30

③ Der **Marktbrunnen**. Dieser große Vier-Röhren-Brunnen trägt auf einem Sockel den **Kaiser Maximilian II.** (1527–1576), der den Reutlingern 1576 ihre reichsstädtische Verfassung bestätigte. Der Brunnen wurde 1570 vom Bildhauer Leonhard Baumhauer im Renaissancestil erbaut und 1901 von Carl Lindenberger erneuert und wenige Meter an die heutige Stelle versetzt. Wir folgen wenige Schritte dem Blick des Kaisers, bis wir in die nächste Gasse, die Krämergasse, nach links einbiegen. Von hier aus sehen wir schon das **Gartentor** ㉓, dem wir uns nähern.

④ In der Mitte des Gartentorplatzes steht der **Gartentorbrunnen**, ein Zwei-Röhren-Brunnen aus dem Jahre 1931, der einen alten Brunnen von 1590 ersetzte.

Durch das Gartentor hindurch überqueren wir die Gartenstraße, die zu reichsstädtischer Zeit der mit Wasser gefüllte Stadtgraben war. Wenige Schritte nach rechts und wir können links in die

⑤ **Kaiserpassage** eintreten. Dieses Wohn- und Geschäftsviertel wurde zwischen 1981 und 1983 von Hans Landgraf erbaut. Das Ziel war, durch eine Mischnutzung auf frei

31

geworden em Gelände Wohnen in der Stadt wieder attraktiv zu machen. In die Gesamtanlage integriert ist der unter Denkmalschutz stehende Palazzo (um 1900), dessen Baustil der damalige Bauherr zu seiner Hochzeit aus Italien „mitgebracht" hatte. Neben zahlreichen Wohnungen bilden verschiedene Geschäfte, Büros und Praxen und ein reichhaltiges gastronomisches Angebot den typischen Stadtcharakter. Der Platz in der Mitte, ursprünglich als Marktplatz konzipiert, lädt zum Ausruhen und „Schwäddslehalda" ein. Auf diesem Platz plätschert ein weiterer Brunnen, ein „Aquamobil" des Künstlers Gottfried Gruner aus Leinfelden. Dieses Wasserspiel ist in Anlehnung an die nahe gelegene Kaiserstraße in Form einer Kaiserkrone gestaltet. In der Gesamtheit wurde hier von Hans Landgraf in der Kaiserpassage eine Atmosphäre geschaffen, in der es sich angenehm wohnen und das Leben genießen lässt.

Wir kehren zurück in die Gartenstraße, in die wir nach links einbiegen. Vor dem Amtsgerichtsgebäude gehen wir nach rechts in die Aulberstraße weiter, von wo aus wir den rechteckigen Chor der **Marienkirche ⓳** betrachten können.

32

Wenn wir rechts an der Marienkirche entlanggehen, steuern wir schon auf den nächsten Brunnen zu, den

⑥ **Zunftbrunnen**. Dieser 1983 von Bonifatius Stirnberg geschaffene Bronzebrunnen stellt an seinen zwölf Seiten die ehemaligen **zwölf Zünfte** dar, die Handwerksgruppen, die in der Reichsstadt Reutlingen die politische und wirtschaftliche Kraft darstellten.

Gehen Sie doch einmal um den Brunnen herum und versuchen Sie, die Berufe zu erraten. Es sind dies (in alphabetischer Reihen-

33

7 **Kirchbrunnen** erkennen. Auf diesem Brunnen, der 1561 von Hans Motz errichtet wurde, ist der Stauferkaiser **Friedrich II.** (1194–1250) dargestellt. Diesem Kaiser wird große Bedeutung in der Stadtwerdung der Reichsstadt Reutlingen zugemessen, ließ er doch die junge Stadt mit Stadtmauern und Türmen umgeben und gab ihr das Privileg der Reichsunmittelbarkeit. Das ursprüngliche Standbild Friedrichs enthielt die (mittlerweile verschollene) Stadterhebungsurkunde, es ging beim großen Brand 1726 verloren. Dieses Standbild wurde 1905 von Lindenberger originalgetreu (jedoch kleiner als ursprünglich) nachgebildet, Friedrich hält in seiner linken Hand eine besiegelte Urkunde, eine Nachbildung des verloren gegangenen Schriftstücks. Weiter geht es nun die Wilhelmstraße nach links.

folge – nicht in der Reihenfolge der Darstellung!): Bäcker (mit der für Reutlingen typischen Mutschel), Gerber, Karcher (der Händler mit Planwagen), Krämer (der Händler mit Laden), Küfer (Fässer und Wagen), Kürschner (der die Pelze verarbeitet), Metzger (und Schlachter), Schmied (hier Hufschmied), Schneider, Schuster, Tucher (Weber und Färber) und Weingärtner.

Wir kehren nun in die Wilhelmstraße zurück und gehen am Hauptportal der **Marienkirche** vorbei, bis wir auf der linken Seite den

8 Nach einigen Metern entdecken wir auf der rechten Seite unter einer Linde einen kleinen gotisch nachempfundenen Brunnen, den **Lindenbrunnen**. Der Brunnen wurde in seiner ursprünglichen Gestalt 1544 von den Bildhauern Hans Huber und Sohn erschaffen als gotischer Ziehbrunnen, der jedoch im

Laufe der Zeit verfallen war. 1954 wurde er in seiner alten Form durch die Brüder Raach wiederhergestellt. Wir folgen nun der Wilhelmstraße bis an ihr oberes Ende, wobei wir uns die Zeit nehmen dürfen, uns an einem der anliegenden Straßencafés ein wenig zu erfrischen.

Am Albtorplatz angelangt, überqueren wir die Lederstraße, den ehemals mit Wasser gefüllten **Stadtgraben**, und wenden uns nach rechts entlang der neu gebauten oder sanierten Wohn- und Geschäftshäuser hier am oberen Ende der Altstadt. Wir blicken nach rechts zu den Stadtmauerhäusern und dem Eisturm ⑮ und zum charakteristischen Backsteingebäude der **Jos-Weiß-Schule**. Danach biegen wir nach links, vor dem Friseurgeschäft, in die kleine Gasse zur sogenannten

⑨ **Oberen Wässere**. Dieses Areal wurde ehemals durch die aufgestaute Echaz gebildet, von hier aus wurde das Echazwasser in die verschiedenen Mühlenkanäle, in den Stadtgraben und in die Stadtbäche, die der **„mechanischen Stadtreinigung"** dienten, geleitet. Ende 2007 wird in diesem Areal die neue Markthalle eröffnet. Im historischen Fabrikbau entstehen Lebensmittel- und Feinkostgeschäfte, darüber gibt es Raum für Arztpraxen und Büros. Nebenan finden sich gemütliche Restaurants im idyllischen Ambiente am Wasserlauf der Echaz. Wir begeben uns auf den Fußgängersteg über die Bundesstraße, entweder mithilfe des Aufzuges oder über die Treppe. Auf der Mitte des Steges genießen wir den Rundblick auf den Albrand mit Ursulaberg und Mädlesfelsen und den **Georgenberg**, der vor uns liegt, während unter uns der

34

Verkehr rollt. Auf der anderen Seite des Steges angelangt, überqueren wir die Lindachstraße rechts an der Fußgängerampel, folgen der Lederstraße wenige Meter, bis wir links ein Schild entdecken mit der Aufschrift **„Echaz-Uferpfad"**. Hier biegen wir nach rechts ein, um dem Echaz-Uferpfad zu folgen.

🔟 Als 1984 in Reutlingen die **Landesgartenschau** stattfand, wurden nicht nur stadtnahe Parkanlagen wie die **Pomologie** ⑨ zu Erholungsräumen umgestaltet, auch der Fluss, der bis dahin eher als Abwasserkanal von Gewerbe und Haushalten genutzt worden war, wurde unter großem Einsatz ehrenamtlicher Helfer renaturiert und bietet heute Jung und Alt sowie vielen Tieren und Pflanzen Rückzugsmöglichkeiten aus dem stressigen Stadtalltag.

1998 wurde dann feierlich der **Echaz-Uferpfad** eingeweiht, ein Lehrpfad, der über Verlauf der Echaz und deren geologische Funktion informiert und berichtet, welche Lebewesen an der Echaz zu finden sind. Die neun Tafeln geben Auskunft über die Nutzung der Wasserkraft in verschiedenen Zeiten der Stadtgeschichte und klären uns über besondere Gegebenheiten auf, die sich am Echazufer abspielen und abspielten. Wir lassen uns auf diesen Lehrpfad ein, nicht ohne uns ab und zu auf eines der vielen Bänkchen zu setzen, um entweder auf das Rauschen des Wassers oder das Zwitschern der Vögel zu lauschen. Am Ende des Echaz-Uferpfades sind wir am Gerberhäusle angelangt, am kleinen Brunnen vorbei folgen wir bis zur großen Kreuzung am **Oskar-Kalbfell-Platz** dem Lauf der Echaz.

35

36

Hier, an der dicht befahrenen Straße, überqueren wir die Lederstraße in Richtung **Tübinger Tor** ❼.

⓫ Vor dem Tübinger Tor finden wir auf einer Erhebung einen kleinen Springbrunnen. Dieser „Steinfeld" genannte Brunnen wurde von Rainer Hantschke zur Fertigstellung des Fußgängersteges 1983 geschaffen, mit Sitzbänken, die noch einmal zum Verweilen einladen, bevor unsere Tour durch das Tübinger Tor weitergeht. Wenn wir wieder in die Altstadt eintreten, befinden wir uns in der **Katharinenstraße**,

wo wir nach wenigen Metern links einen kleinen Platz entdecken.

⓬ Über diesem Plätzchen thront ein Hahn, ein **Gockel**, der auf einem Rad steht. Dieser bronzene Brunnen wurde 1979 von Ulrich Boss aus Strümpfelbach errichtet, etwa an der Stelle, an welcher bis 1865 der „rote Brunnen" stand, mit Weinreben an den Säulen und einer Wasserpumpe (Drehen des Rades lässt das Wasser sprudeln).

Wir kehren nun nach links in die Hofstattstraße ❻, der wir nach links folgen. Hier werden sich die Kinder freuen, wenn sie den Spielplatz an der Ecke entdeckt haben, hier können sie sich auch an einem eigens für sie errichteten **Spielbrunnen** erfrischen oder ein wenig plantschen.

Nach der kleinen Spielpause biegen wir nach rechts in die Pfäfflinshofstraße, um dann über die Obere Gerberstraße ❹ auf den Zentralen Omnibusbahnhof (ZOB) zu gelangen. Die Gerberstraßen (die Obere und die Untere) waren in früherer Zeit von **Stadtbächen** durchzogen (wie übrigens die meisten Straßen der Altstadt), die der „mechanischen Stadtreinigung" dienten. Das bedeutet, dass in regelmäßigen

37

38

Abständen das an der Oberen Wässere gestaute Echazwasser in die Stadtbäche geflutet wurde, um die Gassen und Straßen von Schmutz und Unrat zu befreien. Außerdem hatten die Gerber, die in diesem Viertel der Stadt ihrem Gewerbe nachgingen, die Möglichkeit, aus dem Stadtbach Wasser für ihr Handwerk zu schöpfen. Wir überqueren nun den ZOB bis zum Echazufer hinter den Bushaltestellen.

⑬ An dieser Stelle, den **Echazauen**, lassen sich verschiedene Wasservögel blicken, von Zeit zu Zeit lässt sich hier auch ein Graureiher beim Fischen beobachten. Auf der Freifläche am anderen Echazufer erkennen wir das **„Krankenhäusle"** der Gustav-Werner-Stiftung, hier entsteht in einigen Jahren die Reutlinger **Stadthalle** ⑮. Rechts neben uns sehen wir ein Stück der äußeren Zwingermauer mit dem **Gerbertörle** ❺, dahinter das **Gerberwehr**, ein Wasserkraftwerk, das 1999 zur Energiegewinnung in Betrieb genommen wurde.

Wir überqueren nun wieder den ZOB und begeben uns in die Untere Gerberstraße, wo wir gleich zu Beginn nach links in die Stadtbachstraße einbiegen. Ihr folgen wir bis zu ihrem Ende, wo wir am **Federnseeplatz** angelangen. Der Platz erhielt seinen Namen von dem Stadtgraben, der stark mit Schilf bewachsen war. Wir verlassen den Federnseeplatz in Richtung Eberhardstraße, die wir in Höhe der Post überqueren.

⓮ Vor dem Gebäude der **Hauptpost Reutlingen** nun der letzte Brunnen unserer Tour. Auch dieser Brunnen aus dem Jahre 1986 trägt den Namen „Aquamobil" und stammt vom Leinfelder Künstler Gottfried Gruner. Drei blaue Räder werden vom Wasser angetrieben und stehen nicht still. Sehen wir das als Sinnbild für die Mühlen an der Echaz oder für die Zahnräder im Getriebe Reutlinger Maschinen? Oder sind die Reutlinger selbst die betriebsamen Räder, die niemals still stehen, ist der Brunnen ein Symbol für die Geschäftigkeit der

Reutlinger? Die Interpretation können Sie sich überlegen, während Sie auf dem Weg zurück die **Karlstraße** entlang zum Bahnhof gelangen, dem Ausgangspunkt dieser Wassertour.

Zum Schluss ein kleiner blauer Tipp: Sollten Sie während des Rundganges eine Erfrischung benötigen, dann setzen Sie sich doch in eines der zahlreichen Cafés und Bistros in Reutlingen. Wenn Sie das nicht genügend erfrischt, dann besuchen Sie einfach eines der Reutlinger Bäder, das Freibad Markwasen oder das Achalmbad in der Albstraße.

30 Maximilianbrunnen
   (Marktbrunnen)
31 Gartentorbrunnen
32 Zunftbrunnen
33 Friedrichbrunnen
   (Kirchbrunnen)
34 Lindenbrunnen

35 Fußgängersteg an der Oberen
   Wässere
36 Außenansicht vom Tübinger Tor
37 Gockelbrunnen
   (ehem. Roter Brunnen)
38 Ausblick in Richtung Südwesten

30 Fountain at the market place
   representing Emperor Maximilian 2nd
31 Fountain next to the Gartentor
32 "Zunftbrunnen" representing
   former guilds
33 Fountain next to the Marienkirche representing Emperor
   Friedrich 2nd

34 Gothic fountain called
   "Lindenbrunnen"
35 Bridge over traffic stream
36 Outside view of the Tübinger
   Tor
37 "Gockelbrunnen"
38 View over the city

30 Fontaine de la place du marché
   avec l'image de l'empéreur
   Maximilian 2
31 Fontaine et plaçe près du
   «Gartentor»
32 Le «Zunftbrunnen», fontaine
   représantante les chambres
   d'artisanat

33 Fontaine près de la Marienkirche avec l'image de l'empéreur
   Friedrich 2
34 Le «Lindenbrunnen»
35 Pont sur le torrent trafic
36 Vue de dehors au Tübinger Tor
37 Le «Gockelbrunnen»
38 Vue sur Reutlingen

GaRTenlust – Gärten und Parks in der Großstadt

Dieser grüne Rundgang wird sie in die Oasen der Großstadt entführen, Sie werden entdecken, dass es auch in der verkehrsreichen und geschäftigen Stadt Reutlingen viele grüne Ruhepunkte zum „Verschnaufen" gibt.

① Wir beginnen am Platz vor dem **Hauptbahnhof**, wo sich die Stadt dem Neuankömmling mit ihrer farbenprächtigsten und üppigsten Seite zeigt. Wer gerade aus dem Zug gestiegen ist, wird sich freuen, in dieser kleinen Parkanlage auf einem der Bänkchen etwas Ruhe zu finden. Wir überqueren die dem Bahnhof gegenüberliegende Karlstraße, den Blick kurz zurück auf das Denkmal **Friedrich Lists** werfend ①. Sobald wir auf der anderen Straßenseite angekommen sind, gehen wir geradeaus weiter und betreten die Gartenstraße.

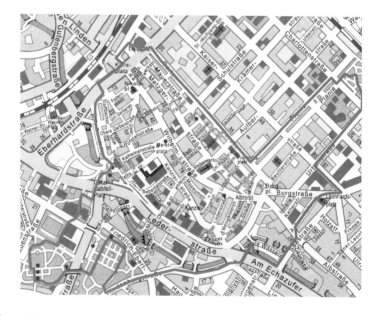

❷ Die **Gartenstraße** wurde zwischen 1830 und 1850 an dem aufgefüllten ehemaligen Stadtgraben angelegt. An ihr wurden große Bürgerhäuser und notwendig gewordene Verwaltungsbauten errichtet. Sie trennt die Altstadt Reutlingens von dem sogenannten **Gartenviertel,** die Oststadt, die auf den ehemaligen Gärten und Feldern entstanden ist. Diese Oststadt wird von parallel verlaufenden Straßen durchzogen, von der Kaiserstraße, der Bismarckstraße und der Charlottenstraße. Die Kaiserstraße ist ebenfalls ein aufgefüllter Graben, der **Hundsgraben**, der auch stets mit Wasser gefüllt war. Wir folgen der Gartenstraße beinahe bis zu ihrem oberen Ende, wo wir auf der linken Seite auf das

❸ Denkmal des Reutlinger Dichters und Schriftstellers **Hermann Kurz** stoßen. Das Denkmal wurde von dessen Sohn, dem Florentiner Bildhauer Erwin Kurz, 1889 geschaffen.

Hermann Kurz

* 30.11.1813 in Reutlingen
† 10.10.1873 in Tübingen
Der Sohn einer Glockengießer-
familie nahm nach seinem
Theologiestudium 1835 eine
Stelle als Vikar an, bevor er sich
ganz dem Beruf des Redakteurs
und Schriftstellers widmete. Nach
einem kurzen Aufenthalt von
acht Wochen auf der Festung
Hohenasperg wegen zu liberaler
Gesinnung wirkte er wieder als
freier Schriftsteller und ab 1863
als Bibliothekar an der Universität Tübingen. Mit seiner Heimat-
stadt Reutlingen blieb Kurz
zeitlebens verbunden, was sich in
seinen lyrischen und prosaischen
Werken erkennen lässt.

Hinter dem Denkmal beginnt die
Planie, eine Kastanien- und Lin-
denallee, die im 19. Jahrhundert
auf dem 1836 zugeschütteten
Gänseweiher auf Veranlassung von
Friedrich List und Baurat Rupp
angelegt wurde. (Der Name Planie
kommt von „planieren", vom Ein-
ebnen des Gänseweihers.) Der
Gänseweiher reichte bis zur Kaiserstraße, die Planie wurde jedoch
weitergeführt bis zur Charlottenstraße. Hier lässt es sich vorzüglich
flanieren, den Lärm der Großstadt
vergessend, je weiter die Planie

entlang gegangen wird. Wir folgen
diesem grünen Band und überqueren zuerst die Kaiserstraße. Hier
entdecken wir ein Denkmal mit einer
Marmorbüste von **Kaiser Wilhelm I.**
und am Sockel des Denkmals Port-
räts von Moltke, Bismarck und
Kaiser Friedrich III. Dieses Denkmal
stammt von 1892 aus der Werkstatt
des Berliner Bildhauers Günther J.
Dietrich.

Entlang großzügiger Stadtvillen, die
im ausgehenden 19. und am Beginn
des 20. Jahrhunderts entstanden
sind, folgen wir der Planie weiter
und überqueren die Bismarckstraße. Oft lohnt auch ein Blick hinter
die Herrenhäuser, denen sich meist
ein großer Garten anschließt, eine
private grüne Idylle mitten in der
Stadt. Zwischen Bismarck- und
Charlottenstraße passieren wir links
die **Matthäus-Beger-Schule**, rechts
den Neubau des **Isolde-Kurz-Gym-
nasiums**. An der Charlottenstraße
angelangt, haben wir bereits das
Ende der Planie erreicht, entdecken
aber auf der gegenüberliegenden
Straßenseite den Beginn eines
anderen Parks.

④ Wir betreten den **Stadtgarten**.
Der Stadtgarten wurde 1902
von Dr. Lucas, dem Direktor des

Pomologischen Instituts, auf Veranlassung des Reutlinger Verschönerungsvereins auf der ehemaligen Abtswiese (früher im Besitz des **Zwiefalter Klosterhofes**) zwischen der Charlottenstraße und der damals neu errichteten Bahnlinie Reutlingen–Honau angelegt. Er diente den Reutlinger Bürgern als Erholungsstätte und Treffpunkt und hat diesen Zweck bis heute nicht verloren. Auf ca. 300 × 300 Metern laden Pavillons und Spielplätze sowie kleinere Weiher und große Bäume den gestressten Städter zum Verweilen und Ruhegenießen ein. Seit 1928 spielte hier in der Mitte des Parks im Pavillon regelmäßig

41

sonntagvormittags die **Reutlinger Stadtkapelle** auf. Nachdem wir etwas Ruhe gefunden haben, setzen wir unseren Rundgang fort, indem wir den Stadtgarten in Richtung Urbanstraße wieder verlassen.

Beim Durchstreifen der Straßen hier in der Oststadt wird schnell klar, weshalb sich der Name Gartenviertel bis heute gehalten hat: Alter Baumbestand, großzügige Bauten mit einladenden Gärten säumen auch hier die Urbanstraße. Zwischen Bismarck- und Kaiserstraße können wir auf der linken Seite große ehemalige Fabrikgebäude erkennen: Das frühere **Technikum für Textilindustrie**. In diesen Gebäuden ist seit 1992 die Polizei untergebracht, nachdem das Technikum, wie es kurz genannt wurde, an die Reutlinger Fachhochschule angegliedert worden war. Hier wurden die alten Fassaden erhalten und nur die Innenräume zeitgemäßen Ansprüchen und Bedürfnissen angepasst. Wenn wir an der Kaiserstraße angelangt sind, folgen wir ihr nach links, wo wir auf das Finanzamt stoßen.

5 Vor dem **Finanzamt** finden wir wieder eine kleine Anlage, den **Leonhardsplatz**, benannt nach der anliegenden, 1897 erbauten evangelischen **Leonhardskirche**. An dieser Stelle, der Kreuzung zwischen Seestraße und Kaiserstraße, floss Wasser von der Echaz, vom „See" in den Hundsgraben, die heutige Kaiserstraße, bis zum Wiedereintritt zur Echaz am unteren Ende der Stadt, beim Friedhof Unter den Linden. Wir wenden uns nun nach rechts in die Burgstraße und entdecken eine beinahe allein stehende alte Fabrikfassade, an welche von hinten die Cafeteria des Finanzamtes untergebracht ist. Dieser lichtdurchflutete Innenhof bietet den Mitarbeitern des Finanzamtes und anderer Behörden die nötige Entspannung in der wohlverdienten Mittagspause. Gegenüber der Cafeteria, zurück in der Burgstraße, begrüßt uns ein weiteres Mal eine kleine Parkanlage, ebenfalls üppig mit Blumen gestaltet.

6 Dieser kleine Park liegt zwischen der unteren und der oberen Kelterstraße, ein Hinweis auf die an dieser Stelle befindliche ehemalige **Spitalkelter**, deren Überreste 1929 dem Bau des Hallenbades Reutlingen (seit 1999 **Achalmbad**) gewichen sind. Schon diese kleine Anlage bietet dem Ruhesuchenden

zumindest ein lauschiges Plätzchen auf einer Bank mit Blick auf üppiges Grün und bunte Blütenpracht. Links am Achalmbad entlang stoßen wir auf die Albstraße, die wir links, bei der „Seepost", überqueren. Wir folgen nun der Seestraße in Richtung Echazufer und entdecken kleine Kanäle und Wasserläufe, die auf die industrielle Nutzung der Wasserkraft bis ins letzte Jahrhundert hinweisen (Obere Wässere **9**).

7 Weiter geht es jetzt nach rechts der **Echaz** entlang, wo wir trotz des dichten Verkehrs auf der Hauptstraße von Zeit zu Zeit Reiher beim Fischen beobachten können. Den Fußgängersteg über die Bundesstraße nutzen wir, um unbeschadet auf die andere Seite zu gelangen. Von der Mitte des Steges aus hat man einen schönen Blick geradeaus auf den **Georgenberg** und links auf den Albrand mit Ursulaberg und, weiß leuchtend, auf den Mädlesfelsen. Während unter uns der Verkehr rollt, nehmen wir uns den kurzen Augenblick Zeit, um dieses Panorama zu genießen. Auf der anderen Seite des Steges überqueren wir die Lindachstraße und folgen für ca. 50 m der Hindenburgstraße, bevor wir den Fußweg nach rechts

⑧ entlang der Echaz einschlagen ⑩. Diesen Weg am linksseitigen Echazufer beschreiten wir ohne die Echaz zu überqueren, bis der Weg in einer kleinen Serpentine links oben wieder in die Hindenburgstraße einmündet. In die Hindenburgstraße biegen wir nach rechts und folgen ihr für ca. 100 m. Hier am Fußgängerüberweg treten wir rechts in die sogenannte

⑨ **Pomologie** ein. Dieser Park war von 1860 bis 1922 die Obstbaumschule von **Dr. Eduard Lucas**, ein international gerühmtes Institut für Obstbaumkunde. Das Gelände wurde im Rahmen der **Landesgartenschau**, die 1984 in Reutlingen ausgerichtet wurde, zum Bürgerpark, zum Bereich

der Naherholung in der Großstadt umgestaltet. Im gesamten Gelände von Pomologie und Volkspark wurde ein **„Pfad der Sinne"** angelegt, ein Lehrpfad, der den Besucher einlädt, beim Durchwandern des Parks alle Sinne zu nutzen. Tasten und Riechen, Hören und Sehen der Natur und der Umgebung sollen auf diese Weise geschult werden. Vor uns sehen wir eine Streuobstwiese des Obst- und Gartenbauvereines Reutlingen e.V. Wir folgen dem Weg nach rechts, vorbei am Schulgarten und dem daran sich anschließenden Spielplatz, der sich regen Zuspruchs der Kleinen (und manchmal der Großen) erfreut. Anschließend passieren wir einen Teich und den Werkhof der Landschaftsgärtner.

42

Kurz vor dem Ausgang, der vor uns liegt, kehren wir nach links, vorbei an der Pit-Pat-Anlage und dem dazugehörigen Gartencafé. Der langgestreckte Weg führt uns an alten, hochgewachsenen Bäumen vorbei an einem **Apothekergarten**, der uns lehrt, welche Heilkräuter die Vorgänger unserer heutigen Pharmaindustrie zum „Pillendrehen" nutzten. Wir gelangen an das **Terrarium und Aquarium**, vor dessen Eingang sich Nutrias im Freigehege tummeln. Vor dem **Glashaus**, einem Ausstellungsraum mit Vogelvoliere, wenden wir uns nach links und gehen den breiten Weg an den **Duft- und Tastgärten** entlang. Auf der linken Seite versteckt sich hinter Hainbuchenhecken, eingebettet in Rosenbeete, das **Café Rosengarten**, das den Besucher zu Kaffee und Kuchen oder zu einem erfrischenden Eisbecher einlädt. Im Sommer werden die Gäste noch mit Dixie und Swing von **„Tante Friedas Jazzkränzchen"** zum Tanzen oder zum Mitswingen animiert. Hinter der Rosengartenanlage befindet sich das **Bienenhaus**, eine kleine Imkerei, und im Anschluss daran wieder die Streuobstwiese des Obst- und Gartenbauvereines. Auf der rechten Seite, gegenüber der Straße, sehen wir das Hauptgebäude des **Johannes-Kepler-Gymnasiums** und die **Jahnturnhalle**. Am Ende des Weges begeben wir uns nach rechts auf die Brücke über die Alteburgstraße.

🔟 Auf der anderen Seite befinden wir uns nun im **Volkspark**, der uns mit seinen verschlungenen Pfaden, alten Bäumen, Sitzgruppen, Wasserspielen und Spielplätzen zum Flanieren und Ausruhen einlädt. Der Volkspark, der ursprünglich **„Rennwiese"** heißen sollte, wurde durch Stuttgarter Landschaftsgärtner 1914 fertiggestellt. Aus dieser Zeit stammen noch die alten Bäume, welche die Wege im Park säumen. In der Mitte des Parks, an dessen unterem Ende, entdecken wir den **Pavillon**, der im Sommer für Gottesdienste im Freien oder für Konzerte genutzt wird. Unterhalb des Pavillons verlassen wir den Park in Richtung Sportplatz **„Rennwiese"**, an welchem wir rechts entlanggehen. Hier können wir Athleten beim Kugelstoßen, Weitsprung oder 1000-m-Lauf zuschauen oder mitfiebern, wenn auf dem Platz in der Mitte Jung oder Alt dem runden Leder hinterherrennen. Unter dem Laubengang auf der rechten Seite

hindurch gelangen wir zur **Friedrich-List-Halle** 🔴, an welcher wir ebenfalls rechts vorbeigehen.

Wir verlassen nun den unteren Bereich des Volksparks, indem wir unterhalb der Friedrich-List-Halle nach rechts in die Passage des grünen „Nordsternhauses" einmünden. Vorbei an Brunnen und verlockenden Eisdielen wenden wir uns nach links auf den großen Fußgängersteg über die Lederstraße und den **Oskar-Kalbfell-Platz**. Auf dem Steg bieten sich der Passantin und dem Passanten interessante Ausblicke auf (von rechts nach links) ehemaliges Feuerwehrhaus, Matthäus-Alber-Haus, Volkshochschule, Spendhaus, Stadtbibliothek, Rathaus, Tübinger Tor, ZOB (Zentraler Omnibusbahnhof), Post, Stiftung für Konkrete Kunst, Echaz und „Krankenhäusle" der Gustav-Werner-Stiftung „Zum Bruderhaus".

1️⃣1️⃣ Am Ende des Steges angelangt, können wir auch die kleine Parkanlage vor dem **Tübinger Tor** ❼ bewundern, bevor wir den ZOB überqueren und uns dem Echazufer zuwenden. An diesen **Echazauen** lassen sich Enten verschiedener Arten blicken, immer öfter können wir auch einem Graureiher beim Fischen am Stauwehr zuschauen. Wir gehen am **Gerbertörle** ❺ vorbei, überqueren den ZOB in Richtung Eberhardstraße und gehen auf das Gebäude der Deutschen Post AG zu. Hier wenden wir uns nach rechts, vorbei an den **„Postarkaden"** bis zur Straße Unter den Linden.

⑫ Wer noch nicht genug von Gärten und Parks hat, sei hier eingeladen, der Straße **Unter den Linden** etwa 300 m zu folgen und auf dem gleichnamigen Friedhof, dem ältesten Friedhof Reutlingens, andächtig und besonnen die alten Grabsteine und Grabmäler zu bewundern. Hier lässt sich durchaus unter alten hohen Bäumen etwas Ruhe von dem Trubel der Großstadt finden. Am Beginn des Friedhofs treffen wir auf die 1897 von Baurat Heinrich Dolmetsch im neugotischen Stil erbaute **Katharinenkirche**. Die anderen machen sich auf den Weg zum alten Postgebäude in der Bahnhofstraße und erkennen schon den kleinen Park vor dem Hauptbahnhof, wo dieser grüne Rundweg seinen Anfang genommen hat.

Zum Schluss noch ein kleiner grüner Tipp: Der **Garten des Heimatmuseums** ❿ im Herzen der Altstadt bietet den gestressten Einkaufenden immer ein wenig Erholung.

*auf Seite 91: „Gockelbrunnen"
(ehem. Roter Brunnen)*

on page 91: "Gockelbrunnen"

à page 91: Le «Gockelbrunnen»

In Reutlingen Kultur erleben

Für all diejenigen, welche den „orangefarbigen" KulturRTrip nicht mitgemacht haben, seien hier noch einmal die wichtigsten kulturellen Angebote der Stadt aufgeführt.

44

Museen und Galerien

Die „Kulturmeile" Reutlingens in der Innenstadt mit ihren Museen und Galerien lädt ebenso wie die zahlreichen privaten Kunstgalerien den interessierten Besucher ein, Kunst zu genießen und Wissenswertes zu erfahren.

Heimatmuseum
Museum für Stadtgeschichte Reutlingen. Sammlungen aus vor- und frühgeschichtlicher Zeit. Dokumente und Zeugnisse aus der Reichsstadtzeit. Originale Zunftstube der Weingärtnerzunft. Friedrich-List-Zimmer. Geheime spätgotische Kapelle. Luftschutzkeller. Ausstellungsräume. Lapidarium im Garten. Öffnungszeiten: Di – Sa 11–17 Uhr, Do 11–19 Uhr, So/F 11–18 Uhr.
Oberamteistraße 22/32
Tel.: 303-2050

Naturkundemuseum
Städtische Naturaliensammlung. Über das Entstehen der Welt und

45

selausstellungen. Offenes Holz-schnitt-Atelier.
Öffnungszeiten: Di – Sa 11–17 Uhr,
Do 11–19 Uhr, So/F 11–18 Uhr.
Spendhausstraße 4
Tel.: 303-2213

Städtische Galerie in der Stiftung 16

Schwerpunkt Moderne. Konkrete Kunst. Wechselausstellungen. Industriemagazin des Heimatmuseums (in den Scheddachhallen).
Öffnungszeiten: Di – Sa 11–17 Uhr,
Do 11–19 Uhr, So/F 11–18 Uhr.
Eberhardstraße 14
Tel.: 370328

des Lebens. Die Entwicklung der Lebewesen. Heimische Pflanzen und Tiere. Übersicht über die Beschaffenheit der Schwäbischen Alb. Mineralien und Gesteine. Fossiliensammlung.
Öffnungszeiten: Di – Sa 11–17 Uhr,
Do 11–19 Uhr, So/F 11–18 Uhr.
Weibermarkt 4
Tel.: 303-2022

Städtisches Kunstmuseum im Spendhaus 11

Kunstmuseum mit Schwerpunkt Holzschnitt. Bedeutendste Sammlung Deutschlands! Dauerausstellung mit Werken von HAP Grieshaber. Wech-

46

Hans-Thoma-Gesellschaft

Galerie des Kunstvereins Reutlingen. Wechselausstellungen.
Öffnungszeiten Mi bis Fr 14–18 Uhr, Sa und So/F 11–17 Uhr, Mo und Di geschlossen.
Eberhardstraße 14
Tel.: 338401
www.kunstverein-reutlingen.de

Exotarium in der Pomologie

Aquarium und Terrarium von Mai bis Oktober sonn- und feiertags 10–17 Uhr.
Friedrich-Ebert-Straße 6a
Tel.: 206916
www.exotarium-rt.de

Sternwarte Reutlingen

Wer in die Ferne schweifen will, ist hier richtig. In der Ferdinand-von-Steinbeis-Schule. Führungen samstags (nicht immer!).
Kaiserstr. 40
www.sternwarte-reutlingen.de

Darüber hinaus gibt es in Reutlingen noch zahlreiche Ausstellungsräume, so zum Beispiel im Foyer des Rathauses und der Kreissparkasse oder in verschiedenen Cafés und privaten Galerien. Informationen über laufende Ausstellungen erhalten Sie im Büro der Tourist-Information oder im Rathaus.

Theater und Literatur

In den Fünfzigern des 20. Jahrhunderts zog es zahlreiche Schriftsteller nach Reutlingen, wo damals eine rege Literaturszene zu finden war. Dieser Tradition folgt Reutlingen heute noch, was an den vielfältigen Theater- und Literaturangeboten in der Stadt zu erkennen ist.

Theater in der Tonne

Das Reutlinger Stadttheater bietet Theaterfreunden eine ausgewogene Mischung aus Tragik und Komik, Klassik und Moderne, Progress und Tradition. Seit mehreren Jahren macht „die Tonne" durch verschiedene Produktionen überregional auf sich aufmerksam. Den aktuellen

47

Spielplan erhalten Sie entweder direkt beim Theater im Spitalhof ③ oder im Büro der Tourist-Information.
Wilhelmstraße 69
Tel.: 9377-0
www.theater-die-tonne.de

Theater Lindenhof, Melchingen

Das Melchinger Landtheater in der Scheune überrascht seit seiner Gründung immer wieder durch humorvolle wie nachdenkliche Theaterstücke.
Das Theater schöpft mittlerweile aus einem großen Repertoire teilweise eigener Produktionen und besticht durch den Einsatz von Profis wie Laien. Die Mischung aus dramatischem Ernst und schwäbischem Witz macht die Besonderheit des Lindenhofes aus und garantiert, dass sich die Fahrt auf die Alb lohnt.
Unter den Linden 18
72393 Burladingen-Melchingen
Tel.: 07126/92930
www.theater-lindenhof.de

Naturtheater Reutlingen e.V.

Vor der zauberhaften Kulisse des Wasenwaldes befindet sich die Waldbühne des Naturtheaters. Alljährlich im Sommer strömen die Besucher hinaus und erleben Theatergenuss für Groß und Klein.
Spielzeit: Ende Juni bis Anfang September immer Samstag und Sonntag.
Mark (Gewand) 3
Tel.: 270766
www.naturtheater-reutlingen.de

Foyer U3/Café Nepomuk

Im ehemaligen Kino der französischen Truppen befindet sich heute ein kleiner, aber feiner Theater- und Kinosaal, der rege für Kleinkunst, Literatur oder Gesprächsforen genutzt wird. Das angrenzende Café Nepomuk bietet regelmäßig Musik- und Literaturveranstaltungen an.
Gminderstraße 3
Tel.: 372222
www.cafe-nepomuk.de

Friedrich-List-Halle

In der bislang größten Reutlinger Festhalle (eine große Stadthalle ist in Planung) finden die großen kulturellen Ereignisse statt. Gastspiele von Theatergruppen, Opern und Operetten sowie Schüleraufführungen sind Beispiele für die zahllosen Bühnenveranstaltungen, die in der Friedrich-List-Halle dem an Kultur interessierten Publikum dargeboten werden.

48

Theateroffensive

Unter diesem Titel verbirgt sich ein Theaterspektakel der besonderen Art. Das Theaterfestival wird von verschiedenen Theatermachern und Theatergruppen organisiert, es werden nicht alltägliche Stücke dargeboten, gespielt wird an verschiedenen Spielstätten in Reutlingen. Für jeden Theaterliebhaber die schönste Zeit des Jahres.

(Informationen bei der Tourist-Information oder beim Konzertbüro am Markt)

Über das laufende Programm informieren Broschüren, die im Rathaus und im Büro der Tourist-Information ausliegen. Informationen zu aktuellen Veranstaltungen finden Sie im RTTipp bzw. bei StaRT Stadtmarketing Reutlingen GmbH.

Kleinkunstbühne Reutlingen

Auf der Bühne im Gasthaus „Waldesslust" bringen Kabarettisten und Komiker das erlesene Publikum zum Lachen, Weinen und Nachdenken. Schwerpunkt der Veranstaltungen sind Kabarett, Comedy und Musik.
Mark (Gewand), neben
Naturtheater
Tel.: 240693
www.kleinkunst-rappen.de

Reutlinger Mundartwochen

Jedes Jahr im Februar/März wird in Reutlingen so richtig schön geschwäbelt. Dann nämlich stehen in Reutlingen die Mundartwochen auf dem Programm. In verschiedenen Veranstaltungen gibt es Kleinkunst auf Schwäbisch, Komik auf Schwäbisch, schwäbische Lyrik und Prosa für jeden, der unser Schwäbisch versteht oder lernen möchte.

Reutlinger Kleinkunsttage

Ob politisches oder komisches Kabarett, ob es zum lustigen oder nachdenklichen Abend wird, bei den Kleinkunsttagen in Reutlingen kommt jeder auf seine Kosten. „Klein"-Kunst dürfte eigentlich

49

nicht genannt werden, was hier im Oktober so alles geboten wird.

Musik und Film

Musik liegt in der Luft. Nicht erst seit die Württembergische Philharmonie Reutlingen durch Konzerttourneen international bekannt wurde, gilt Reutlingen als Musikstadt. Hugo Hermann, Hans Grischkat und Prof. Karl-Michael Komma seien nur einige der Namen, die Reutlingen den Ruf eines musikalischen Zentrums verleihen.

Württembergische Philharmonie
Nach dem Zweiten Weltkrieg wurde unter dem bekannten Komponisten und Dirigenten Hans Grischkat in Reutlingen das „Schwäbische Symphonieorchester" gegründet. Von Anfang an waren es die Werkkonzerte, die das Publikum in Scharen in die Konzertsäle lockten. (Die großen Firmen in Reutlingen kaufen ein bestimmtes Kontingent an Eintrittskarten, die sie unter ihren Mitarbeitern verteilen.) Neben dem Werkkonzert sind es noch weitere Zykluskonzerte, Konzertreihen und Galakonzerte, mit denen das mittlerweile international berühmte und geschätzte Orchester dem Ohr des Zuhörers und Musikkenners schmeichelt.
Marie-Curie-Straße 8
Tel.: 82012-0
www.wuerttembergische-philharmonie.de

Reutlinger Orgelsommer
Ein musikalischer Höhepunkt in jedem Jahr ist der Reutlinger Orgelsommer. Während andere in der brütenden Sonne schwitzen, sitzen Musikliebhaber in den angenehm kühlen Kirchenräumen und lauschen

den faszinierenden Orgelklängen aus mehreren Jahrhunderten. Bekannte Werke stehen ebenso auf dem Programm wie selten oder nie Gehörtes, es interpretieren Orgelspezialisten aus Reutlingen ebenso wie berühmte Organisten aus ganz Europa. Initiator ist der bekannte Organist Eberhard Becker, Kirchenmusikdirektor an der Marienkirche Reutlingen.

Der Orgelsommer findet ab Juli statt, gespielt wird auf drei verschiedenen Orgeln:
Marienkirche, Reutlingen
St. Peter und Paul, Reutlingen
Peter und Paul, RT-Gönningen

Konzertreihen
Neben den erwähnten Höhepunkten gibt es noch verschiedene Musikreihen, die das ganze Jahr hindurch stattfinden, jedes Konzert für sich ist ein Höhepunkt.

musica antiqua
In dieser Konzertreihe werden bekannte wie unbekannte Werke alter Meister aus dem 17. Jahrhundert vorgetragen.

musica nova
Wie der Name schon sagt, handelt es sich hierbei um neue Musik, Werke des 20. Jahrhunderts stehen im Mittelpunkt dieser Reihe.

Reutlinger Rathauskonzerte und **Reutlinger Kammermusikzyklus** sind Konzertveranstaltungen, die sich der Pflege von Kammermusik aus verschiedenen Jahrhunderten verpflichten.

Über diese und weitere Konzerte informieren Sie diverse Broschüren und Kulturführer, die an den entsprechenden Informationsstellen (Rathaus, oder Tourist-Information, etc.) kostenlos ausliegen.

Jazzclub „In der Mitte" e.V.
Für die Freunde des Jazz bietet der Jazzclub am Wochenende Musik vom Feinsten aller Stilrichtungen

50

51

an. Bekannte Jazzer sowie Neulinge lassen es im Jazzkeller so richtig krachen. Spannend auch die „Jam session", wenn jeder sein Instrument auspackt und mitmacht.
Öffnungszeiten: Fr und Sa 20–24 Uhr und nach Ankündigung
Gartenstraße 36 (Eingang an der Rückseite)
Tel.: 334455
www.indermitte.de

Film

Das Kino in Reutlingen lädt Cineasten zum Filmnachmittag oder Filmabend ein. Das Programm entnehmen Sie bitte den Plakaten am Kino oder der lokalen Presse.

Planie Kinocenter

Gartenstraße 51
Tel.: 680-8113
www.reutlingen.cineplex.de

jufi (Jugendfilmclub Reutlingen e.V.)

Das einzige Programmkino in Reutlingen. Gezeigt werden im Kino Planie Besonderheiten der Filmkunst.
Tel.: 38740
www.gea.de/jufi

Sport und Freizeit

Viele Möglichkeiten bieten sich demjenigen an, der sich in Reutlingen entweder entspannen oder anspannen möchte. Ob Training bis zum Schwitzen oder einfach nur Spaß haben – in Reutlingen ist für jeden etwas dabei.

Achalmbad

Das Reutlinger Hallenbad in der Albstraße bietet den großen und kleinen Wasserratten viele Möglichkeiten zum Schwimmen, Plantschen und Entspannen. Im Saunabereich gibt es eine finnische Sauna und ein römisch-osmanisches Dampfbad. Im Obergeschoss finden sich Ruheräume, eine Sonnenterrasse, Fitnessgeräte.
Öffnungszeiten: Di bis Sa 10–22 Uhr, So und Feiertag 8–20 Uhr.
Albstraße 15–17
Tel.: 582-3791 u. 582-3792

Eislauf Freizeit Center

Die Reutlinger Kunsteisbahn wird im Winter (Oktober bis März) von allen Eislaufbegeisterten stark frequentiert, beliebt ist auch die Eishallen-Disco am Samstagabend vor allem bei Jugendlichen. Im Sommer wird hier Inliner-Skate gefahren, auch für verschiedene Veranstaltungen wie Flohmärkte, Messen und Konzerte bietet sich die Halle an.
Rommelsbacher Straße 55
Tel.: 370580

Wellenfreibad Markwasen

Das Reutlinger Wellenfreibad Markwasen bietet Wasserratten verschiedene Attraktionen an, weshalb es im Sommer (ab Mitte Mai) zum Publikumsmagneten für Reutlingen und Umgebung wird. Wellenbad, 10-m-Turm, Kleinkindbereich, Riesenrutschbahn und FKK-Bereich sind einige Argumente dafür, dass sich ein Besuch im Freibad Reutlingen lohnt.
Öffnungszeiten: ab Mitte Mai von 6 bis 21 Uhr
Hermann-Hesse-Straße 40
Tel.: 582-3792 (Kasse)

Markwasen

Der große Sport- und Freizeitpark Markwasen ist ein Naturparadies für Spaziergänger und Sportler. Auf der Rindenschrotbahn wird gejoggt, auf den nahe gelegenen Sportplätzen gekickt. Seen und Wälder verleiten dazu, einen ganzen Tag „draußen im Wasen" zu verbringen.

Minigolf

Direkt neben dem Wellenfreibad Markwasen befindet sich die Minigolfbahn, wo sich der geübte Golfer auf 18 Bahnen an seinen Mitspielern messen lassen kann. Eine weitere Miniaturgolfanlage findet sich in Orschel-Hagen bei den Kirchen.

Stadion Kreuzeiche

Seit die Fußballmannschaft des **SSV Reutlingen** im Jahre 2000 in die Zweite Bundesliga aufgestiegen war, kennen Fußballbegeisterte in der ganzen Republik das Stadion an der Kreuzeiche. Um einen modernen, für den damaligen Profifußball gerechten Spielbetrieb zu garantieren, wurde 2002 das Stadion ausgebaut und umgerüstet.

Pit-Pat-Anlage

Wer es noch nicht versucht hat, der sollte unbedingt einmal in der Reutlinger Pomologie eine Art Billard-Queue in die Hand nehmen und an der dortigen Pit-Pat-Anlage die Kugel ins Loch stoßen. Pit-Pat ist demnach eine Mischung aus Billard und Minigolf, gespielt wird auf Tischen im Freien.
Geöffnet im Frühjahr/Sommer täglich.

Baggersee in Kirchentellinsfurt

Schwimmen oder plantschen? Das ist hier die Frage. Wer sich aber einfach nur in der Sonne entspannen möchte, ist hier draußen am Baggersee bei Kirchentellinsfurt auch genau richtig.
Anreise von Reutlingen:
Bahn: DB 760 Richtung Tübingen (alle 60 min) bis Kirchentellinsfurt
Auto: über Betzingen und Wannweil

Bildung und Fortbildung

Wissen ist Macht. Reutlingen bietet dem Wissenshungrigen eine Vielzahl von Möglichkeiten, sein Wissen zu

52

vertiefen und zu erweitern. Einige Beispiele seien hier aufgeführt:

Stadtbibliothek Reutlingen ⑩

Als die Stadtbibliothek Reutlingen 1985 ihren Neubau beziehen konnte, war sie die flächengrößte und modernste öffentliche Bibliothek Baden-Württembergs. Seit einigen Jahren belegt unsere Bücherei regelmäßig den zweiten Platz im bundesweiten Ranking aller öffentlichen Bibliotheken.
Öffnungszeiten: Di bis Fr 10–19 Uhr, Sa 10–13 Uhr.
Spendhausstraße 2
Tel.: 303-2859
www.stadtbibliothek-reutlingen.de

Volkshochschule und Musikschule ⑫

Kurse, Workshops, Ausstellungen, Vorträge, Filme, Konzerte, Exkursionen, Lesungen, … kaum ein kultureller oder bildender Bereich, der in der VHS Reutlingen nicht angeboten wird. Die angeschlossene Musikschule ist eine der größten Musikschulen des Landes und hat bis heute schon das eine oder andere Talent hervorgebracht.
Spendhausstraße 6
Tel.: 336-0
www.vhs-reutlingen.de

53

Schulen

Reutlingen kann sich tatsächlich auch Schulstadt nennen, wenn auch 1987 die Pädagogische Hochschule Reutlingen ihre Türen geschlossen hat: 22 Grund- und Hauptschulen, 4 Realschulen (mit Abendrealschule), 6 allgemeinbildende (mit Abendgymnasium) und 3 berufliche Gymnasien, Gewerbliche Schulen, Fachschulen, Fachhochschulen (die FH Reutlingen für Wirtschaft und Technik ist weltbekannt), zahlreiche Sonder- und Förderschulen, Fachbereich Sonderpädagogik der PH Ludwigsburg und das Lederinstitut Gerberschule (u.a.m.) zeugen von dem Reichtum an Bildungseinrichtungen, den Reutlingen zu bieten hat und die Stadt zu einem Lern- und Lehrzentrum in der gesamten Region macht.

Feste und Bräuche

Mutscheltag

Der wohl wichtigste Tag im Jahr eines „echten" Reutlingers ist der Donnerstag nach Dreikönig. An diesem Tag wird in ganz Reutlingen „gemutschelt". Hierbei handelt es sich um verschiedene Würfelspiele mit so eigenartigen Namen wie „'s nackete Luisle", „Einsame Filzlaus" und „Der Wächter bläst vom Turm". Dem Gewinner der Spiele steht das besondere, sternförmige Reutlinger Mürbteiggebäck, die „Mutschel" zu, die früher nur zu diesem Tag gebacken wurde. In den Gaststätten und Kneipen Reutlingens geht es an diesem Tag rund, wer keine Mutschel gewonnen hat, kann sich eigentlich kaum nach Hause wagen.

Schiedweckentag

Ein weiterer „Feiertag" in Reutlingen, wenn auch nicht so populär, ist der Schiedweckentag, am Mittwoch nach dem zweiten Fastensonntag. An diesem Tag beendeten die Reutlinger Weingärtner früher ihre Wintersaison und mussten am nächsten Tag wieder in die Weinberge an der Achalm und am Georgenberg. Diesen letzten Abend feierten die Wengerter mit einer speziellen Pastete (so groß wie ein Kuchen), dem sogenannten „Schiedwecken". Diese Blätterteigpastete ist mit Kalbfleisch gefüllt und wird auch heute eigens für diesen Tag von Bäckereien und Konditoreien hergestellt.

Fasnet in Reutlingen

Seit einigen Jahren ist Reutlingen (nach Jahrhunderten) wieder eine

Hochburg der Fasnet. Prunksitzung mit Prinzenpaar, Umzüge und eine eigene Fasnetsmaske („Häs") gehören genauso zum Programm wie verschiedene Feste und der Kehraus am Abend vor Aschermittwoch. Die Maske wurde nach dem Prangerbild am Spitalhof **㉒** gestaltet und nennt sich das Reutlinger „Schandele". Wie in allen Fasnetsstädten geht die Saison vom 11. November bis zum Aschermittwoch.

Reutlinger Weindorf

Die ehemalige Weinstadt Reutlingen pflegt alljährlich bewusst ihre Tradition, indem rund um die Marienkirche alles um den Wein gefeiert wird. Von Ende August an wird im gemütlichen Weindorf mehrere Tage lang gefeiert, gesungen, gelacht und (natürlich auch) getrunken. Kulinarische Köstlichkeiten runden das Angebot in den Häusern des Weindorfes ab.

Frühlingsfest und Sommerfest

Zweimal im Jahr verwandelt sich der Reutlinger Festplatz Bösmannsäcker, wo sonst auch Messe- und Zirkuszelte stehen, in ein Meer von Schießbuden, Karussells und Imbissständen. Beim Frühlingsfest und beim Sommerfest strömen die Gäste nach Reutlingen, um sich zu entspannen oder um den Nervenkitzel von Achterbahn und Geisterbahn zu genießen.

Reutlinger Stadtfest

Das größte Fest, das die Reutlinger Bürger mit ihren Freunden und Nachbarn feiern, ist das Reutlinger Stadtfest. Seit 1977 wird im zweijährigen Turnus (zuletzt 2006) in der gesamten Innenstadt gefeiert, getanzt und gesungen. Dieses Fest wird von Reutlingern für Reutlinger organisiert und gestaltet, die Reutlinger Vereine und Initiativen ermöglichen durch ihr Engagement das Fest und finden so ein Forum, sich der Öffentlichkeit zu präsentieren.

Schwörtag

Seit einigen Jahren lebt in Reutlingen wieder die mittelalterliche Tradition des Schwörtages auf. Im Hof des Friedrich-List-Gymnasiums wird in einer feierlichen Zeremonie auf das Wohl der Bürgerschaft geschworen, an historischer Stelle (Schwörhof) gedenken die Reutlinger ihrer reichsstädtischen Geschichte. Das „Fest des demokratischen Frohsinns" ist zum festen Bestandteil im Reutlinger Festkalender geworden.

In Reutlingen Gastlichkeit genießen

Die aufgeführten Cafés, Restaurants und Hotels stellen eine kleine Auswahl des großen gastronomischen Angebots in Reutlingen dar. Im Reutlinger Gastroführer der Tourist-Information finden Sie weitere Hinweise auf Gaststätten, Bars, etc.

55

Cafés, Kneipen, Bars, Nachtleben

Bistro Alexandre

Bar und Café im französischen Stil mit leichter Küche und großem Getränkeangebot. Sonntags Brunch. Große Terrasse am Marktplatz.
Marktplatz 20
Tel.: 371218

Billy Bob's

Erlebnisgastronomie mit großer Speise- und Getränkeauswahl. Bahnhofsnähe. Große Gartenterrasse, Live-Musik.
Unter den Linden 1
Tel.: 338518

Café-Conditorei „Sommer"

Gepflegtes Café mit großer Auswahl an Kuchen, Torten und Pralinen aus eigener Herstellung sowie Frühstücksbuffet, Mittagstisch.
Wilhelmstraße 100
Tel.: 300380

Chocolat

Feines Café direkt am ZOB mit einer erlesenen Auswahl an Kaffee-, Tee- und Kakaospezialitäten. Es gibt auch kleine Speisen.
Als besonderer Tipp: ab und zu Live-Musik in angenehmer rauchfreier Atmosphäre.
Willy-Brandt-Platz 8
Tel.: 372766

Färberei4

Disco pur auf mehreren Dance-Floors. Große Bar, Bistrobereich. Veranstaltungen. Live-Musik.
Ziegelweg 3
Tel.: 330810

Hubi's Café

Der Tipp für Eisfreunde schlechthin. Große Auswahl an selbst gemachten Speiseeiskreationen, Eis des Monats, im Sommer heiß begehrt.
Nikolaiplatz 3
Tel.: 380078

Jacques

Vor allem samstags beliebter Treff für die, die sich vom Markteinkauf

56

bei einem Prosecco regenerieren wollen. Kleines aber feines Lokal. Im Sommer Außenbestuhlung mit Ausblick... Tipp!
Wilhelmstraße 116

Neue Seepost

Cocktailbar. Kleine Speisen. Gemütliches Ambiente.
Albstraße 25
Tel.: 340036

Oscar's

Cocktail- und Bierbar mit kleinen Gerichten. Szenetreff mit Live-Musik (montags).
Aispachstraße 2
Tel.: 478939

San's

Freundliche Bar im Zentrum der Altstadt. Reichhaltiges Angebot an Getränken aller Art.
Katharinenstr. 8
Tel.: 301575

Picavino

Schönes Lokal direkt am Albtorplatz mit großer Auswahl an Heißgetränken und Cocktails. Mittagstisch zu günstigen Preisen, abends Barkeeper und DJ.
Albstr. 2
Tel.: 346622

P&K (Pokorni & Kopatzke)

Der Club. Gepflegte Atmosphäre. Musik und Bar. Disco nicht nur für die Jüngeren. Live-Musik.
Ziegelweg 3
Tel.: 330810

The Corner

Direkt am Tübinger Tor gelegen bietet diese Bar/Lounge ihren Gästen eine angenehme Atmosphäre bei einem Glas Sekt oder einem gepflegten Bier. „Junge Küche" mit innovativen, aber auch typischen Gerichten, zu vernünftigen Preisen runden das Angebot ab. Tipp!
Katharinenstr. 25
Tel.: 3669653

Vis-à-vis

Beliebtes Café in der Fußgängerzone. Große Getränkeauswahl, gemütliche Atmosphäre, leichte Speisen. Ab und zu Live-Musik. Bekannter Treffpunkt mit Tradition. Tipp!
Wilhelmstraße 105
Tel.: 310299

57

Restaurants

Da in einem Stadtführer für Restaurants nur eine Auswahl des großen gastronomischen Angebots getroffen werden kann, beschränkt sich diese Beschreibung auf Restaurants mit deutscher/schwäbischer Küche. In Reutlingen gibt es jedoch eine große Anzahl an ausgezeichneten Gaststätten mit ausländischer Küche. Vorzügliche Restaurants mit italienischen, asiatischen, griechischen, portugiesischen, türkischen, indischen, etc. Speisen, deren Beschreibung den hier gesetzten Rahmen sprengen würde, finden Sie ebenfalls im Gastroführer der Tourist-Information Reutlingen und im Branchenverzeichnis.

Achalm-Restaurant

Schon durch seine Lage auf halber Höhe zur Achalm ein Höhepunkt in touristischer und kulinarischer Sicht. Gartenterrasse mit grandiosem Ausblick auf die Stadt. Ein etwa halbstündiger Verdauungsspaziergang zum Gipfel bietet sich geradezu an.
Gewand Achalm
Tel.: 482-0

Alte Mühle

Gepflegt speisen in gehobener Atmosphäre. Deutsche und exotische Küche verwöhnen ihren Gaumen. Spezialitäten je nach Saison. Romantische Gartenterrasse am Echazufer.
Frankonenweg 8
Tel.: 300274

Furisto

Feines genießen in der Kaiserpassage. Gehobene schwäbische Küche mit ausgezeichnetem Service und vernünftigen Preisen. Tipp!
Kaiserpassage 7
Tel.: 318888

Karz

Im Traditionslokal des Gmindersdorfes werden in rustikalem Ambiente schwäbische Speisen und regionale Biere angeboten. Gemütlicher Biergarten unter Kastanien.
Heppstraße 36
Tel.: 370630

Maximilian

Erlesene Weine und kulinarische Köstlichkeiten finden sich hier ebenso wie deftige schwäbische Kost und süffige Biere. Gepflegte Atmosphäre. Gartenlokal.
Seestraße 6
Tel.: 340203

Nepomuk

Ökologischer Anbau, fairer Handel und politisches Engagement sind im selbst verwalteten Café Nepomuk ebenso Programm wie gute, vegetarische Küche, exotische Köstlichkeiten und gemütliches Ambiente. Kinderecke, Mittagstisch, schönes Gartenlokal.
Unter den Linden 23
Tel.: 372222

Rebstöckle

Der Name erinnert an Zeiten, in denen in Reutlingen noch Wein angebaut wurde. Edle Weine aus

58

Europa und der Region werden zu feinen und deftigen schwäbischen Speisen serviert. Gemütlicher Biergarten.
Gartenstraße 37
Tel.: 346260

Gaststätte Ringelbach

Rustikal bis innovativ. Vom schwäbischen Zwiebelrostbraten bis zu feinen Speisekreationen werden hier Wünsche von Magen und Gaumen erfüllt. Gepflegte gemütliche Atmosphäre. Gartenlokal.
Ringelbachstraße 89
Tel.: 25886

Waldesslust

Idyllisch gelegen, bietet das Team im wahrsten Sinne des Wortes Wald-Ess-Lust! Schwäbisch und international speisen oder gemütlich Bier trinken. Großer Biergarten. Ein besonderer Tipp!
Mark (Gewand)
Tel.: 240693

Hotels, Gasthäuser

Auch dieses Übernachtungsverzeichnis stellt nur eine Auswahl an Hotels und Gasthäusern dar. Aufgeführt sind nur Übernachtungsstätten, die von der Innenstadt zu Fuß erreich-

bar sind. Weitere Angebote gibt es im Gastgeberverzeichnis der Tourist-Information. (Angaben ohne Gewähr).

Achalm Hotel

Am Hang der Achalm mit dem besten Überblick über die Stadt.
Gewand Achalm
Tel.: 482-0

City Hotel Fortuna

Beste Verkehrslage, große Veranstaltungsräume, ideal für Seminare.
Am Echazufer 22
Tel.: 9240

Hotel Württemberger Hof

Bahnhofsnah, gepflegte Einrichtung.
Bahnhofstr. 12
Tel.: 9479950

Hotel Fürstenhof
Zentral gelegen mit Schwimmbad und Sauna.
Kaiserpassage 5
Tel.: 3180

Hotel Germania
Gemütliches Hotel mit angeschlossenem Restaurant und Gartenlokal.
Unter den Linden 20
Tel.: 31900

Hotel Reutlinger Hof
Fein geführtes Hotel in der Nähe zu Bahnhof und Innenstadt.
Kaiserstr. 33
Tel.: 17075

Gasthof Achalm
Gaststätte mit Fremdenzimmer im Herzen der Altstadt.
Mauerstr. 20
Tel.: 346751

Ferienwohnung Walker
Aispachstr. 3
Tel.: 478079

Ferienwohnung Handschuh
Bismarckstr. 75
Tel.: 490260

Zum Schluss noch ein kleiner Tipp: Wenn Sie einmal nicht wissen sollten, wo Sie etwas essen oder trinken sollten, fragen Sie doch einfach den nächsten Passanten nach seinem Tipp, die Reutlinger sind sehr hilfsbereit.

In Reutlingen bummeln und einkaufen

Reutlingen ist als Einkaufsstadt bekannt. Aus der gesamten Region strömen Gäste in die Stadt, um die Vielfalt und Qualität der Produkte zu genießen, die in Reutlingen dargeboten werden.

geschäft zum Schuhladen, es gibt (fast) nichts, was Sie in Reutlingens Flaniermeile nicht finden. Auch die **„Müller-Galerie"**, Reutlingens größte Einkaufspassage, erreichen Sie über die Wilhelmstraße. Gönnen Sie sich einen Samstagvormittag im Einkaufsgewühl der Stadt.

Die Wilhelmstraße

Die Wilhelmstraße ist die Hauptschlagader der Stadt. Hier pulsiert das Leben, hier blühen die Geschäfte. In der Fußgängerzone lässt sich bequem bummeln, Schaufenster bewundern und einkaufen. Vom Juwelier zum Bäcker, vom Telefon-

Märkte und Messen

In Reutlingen finden regelmäßig verschiedene Marktangebote sowie spezielle Verkaufs- und Informationsausstellungen statt. Wenngleich auch Reutlingen keine typische Messestadt ist, so spiegelt doch das umfangreiche Angebot an Produkten die wirtschaftliche Stärke Reutlingens wider.

Wochenmarkt

Der Reutlinger Wochenmarkt ist einer der größten Wochenmärkte in ganz Baden-Württemberg. Er besticht durch sein großes Angebot an heimischen Produkten und exotischen Waren. Eine Besonderheit ist auch der Bauernmarkt, ein Angebot regionaler Erzeuger, die im Direktverkauf ihre Produkte anpreisen.
April bis Oktober Di, Do, Sa; November bis März Di und Sa. Jeweils von 7 bis 12.30 Uhr (Sa 14 Uhr).

Krämermarkt

Der Krämermarkt hat in Reutlingen eine lange Tradition. Seit 1180 gibt es in Reutlingen einen Markt, seither dürfen Händler aus der gesamten Region ihre Waren feilbieten. Der Krämermarkt findet dreimal im Jahr jeweils mittwochs statt. (Genaue Termine erfahren Sie über die Stadtverwaltung.)

62

mehr wird auf dem alljährlich stattfindenden Kunsthandwerkermarkt auf dem Marktplatz angeboten. Schauen Sie einfach vorbei und bestaunen Sie, was Künstlerhände alles vollbringen.

GardenLife

Seit 2002 wird auf dem Gelände der Pomologie jährlich die Garten- und Gartenbaumesse „GardenLife" veranstaltet. Gärtner stellen ihre Besonderheiten aus, Firmen bieten ihre Gartenbauprodukte an. Im passenden Ambiente der Pomologie wird dazu ein umfangreiches Rahmenprogramm geschaffen.

Weihnachtsmarkt

In der Adventszeit verwandelt sich die Reutlinger Innenstadt rund um die Marienkirche in ein Fest von Zuckerstangen und Lebkuchenherzen. Zwischen dem ersten und dem vierten Advent wird hier der Reutlinger Weihnachtsmarkt veranstaltet. Der Duft von Glühwein lockt auch Besucher aus abgelegeneren Gassen an den Weibermarkt, um hier vielleicht noch das eine oder andere Weihnachtsgeschenk zu finden.

Antiquitätenmesse

Freunde alter und schöner Dinge pilgern jährlich Anfang Januar nach Reutlingen in die Friedrich-List-Halle, wenn wieder einmal die Antiquitätenmesse stattfindet. Im Gegensatz zu den zahlreichen Flohmärkten, die in regelmäßigen Abständen in und um Reutlingen abgehalten werden, stellen hier „Antik-Profis" aus und handeln und handeln und handeln.

Kunsthandwerkermarkt

Glaskunst, sowie handgearbeiteter Schmuck, Holzspielwaren und vieles

Solartage

Überregional bekannt ist Reutlingen auch durch die alljährlich stattfindenden Solartage in der Friedrich-List-Halle. Gezeigt werden Neuigkeiten in der Solarforschung, Interessierte werden über die Nutzung regenerativer Energien informiert und beraten. Eine Messeveranstaltung, die Zukunft hat.

Kleine, feine Tipps

Neben den zahlreichen Boutiquen und Geschäften in der Reutlinger Innenstadt gibt es auch noch die einen oder anderen Läden, die eine besondere Beachtung verdienen. Es handelt sich hierbei selbst-

verständlich nur um eine kleine Auswahl; andere Besonderheiten werden Sie beim Bummeln durch die Reutlinger Wilhelmstraße und ihre Seitengässchen bestimmt schon entdeckt haben.

Arabica

Für Kaffeefreunde ein absolutes Muss: Hier gibt es nicht nur den Kaffee, wie wir ihn aus der Werbung kennen. Hier werden edle Kaffeesorten aus aller Herren Länder angeboten, für jeden Geschmack ist etwas dabei. Und probieren darf man auch.
Oberamteistraße 6
Tel.: 339726

Blumen & Ambiente

Ausgewählte Blumenarrangements und hochwertige Accessoires für Haus und Garten. Wer ein schönes Gebinde sucht, ist hier genau richtig.
Wilhelmstraße 131
Tel.: 387325

Hombre

Wer ausgefallene Wäsche sucht, ist hier in der Hofstattstraße beim Tübinger Tor genau richtig. Herrenunterwäsche von erlesenen Designern, Damenwäsche zum Verlieben. Erlesenes, Seltenes, Ero-

tisches. Ein Besuch lohnt sich.
Hofstattstraße 21/1
Tel.: 337019

Karamella Bonbonniere
Das Schlaraffenland gibt es wirklich!
Ein ganzer Laden voller Bonbons,
Lutscher, Gummibärchen und alles,
wovon das „süße Göschle" träu-
men kann. In bezaubernder Lage
(Hexenhäusle am Lindenbrunnen)
wird der Besucher – groß oder
klein – fachmännisch beraten und
reizend verführt.
Lindenstraße 1
Tel.: 330012

Palazzo
Feine Geschenke und erlesene Ar-
tikel zum Verschönern Ihres Heims
finden Sie in reicher Vielzahl in
gepflegtem Ambiente.
Wilhelmstraße 131
Tel.: 336983

Ruoff Pelze und Hüte
Wo gibt es denn noch so was? Ein
kleiner, feiner und überregional
bekannter Hutladen mitten in der
Großstadt. Kürschnerwaren und De-
signerhüte für Sommer und Winter
runden das Sortiment ab.
Wilhelmstraße 67
Tel.: 320710

65

Zum Schluss noch ein kleiner
Tipp: Die Nachbarstadt Metzingen lockt Besucher aus nah und
fern mit **Fabrikverkäufen**.
Außer der Modefirma Hugo Boss,
die ihren Stammsitz in Metzingen hat, laden moderne „Outlet-
Center" von Firmen wie JOOP,
Escada oder Ralph Lauren u. a.
zur Schnäppchenjagd ein.

Ziele in der Umgebung

66

Achalm

Ein weiteres Wahrzeichen Reutlingens neben der Marienkirche ist der Hausberg der Reutlinger, ihre **Achalm**. An ihren Hängen finden sich Spuren frühester Besiedlungen von der Jungsteinzeit bis zur Hallstatt- und La-Tène-Zeit. Scherben von Gebrauchskeramik, Tier- und Menschenknochenfunde deuten darauf hin. Bedeutend war die Achalm jedoch erst im hohen Mittelalter. Will man dem Zwiefalter Chronisten Ortlieb (um 1150) Glauben schenken, wurde bereits um 1030 von einem **Grafen Egino** mit dem Bau einer Burg auf dem Gipfel der Achalm begonnen, zu einer Zeit, als die meisten Angehörigen des Hochadels noch im Tale beim Volk wohnten.

Nach Eginos frühem Tod vollendete sein Bruder Rudolf den Bau und holte seine Gemahlin Adelheid von Wülflingen, eine Cousine des Kaisers Konrad II., auf die Achalm. Doch schon eine Generation später stirbt die Familie im Mannesstamm aus, die letzten Söhne **Liuthold und Kuno** blieben ohne rechtliche Erben. Beide Brüder stifteten 1089 während des Investiturstreites des Kaisers Heinrich IV. mit dem Papst das **Kloster Zwiefalten**, welches sich an der Hirsauer Klosterreform orientierte. So gingen weite Teile des beträchtlichen Besitzes der Achalmgrafen an das Kloster, die Burg selbst kam über verschiedene Erbwege um 1150 an das Haus Neuffen. Nach der Auflehnung des Königs Heinrich (VII.) gegen seinen Vater, den Kaiser Friedrich II. von Hohenstaufen, in deren Verlauf es zur entscheidenden Schlacht bei Dettingen/Erms kam, ging die Burg Achalm als Besitz an den Kaiser über, die Burg wurde Reichsburg. Nach dem Ende der Staufer wurde die Burg mitsamt zugehörigen Rechten wie das Vogtrecht für Reutlingen an die Grafen von Württemberg verpfändet, die von nun an „wie die

Katze auf dem Vogelkäfig" über der Stadt sitzen sollten. Während des Dreißigjährigen Krieges, die Burg wurde nicht mehr ausgebaut und diente somit nicht mehr als moderne Festung, wurde die Burg geschleift. Erst 1832 ließ der württembergische König Wilhelm I. auf dem Gipfel einen Aussichtsturm an der Stelle des ehemaligen Bergfriedes errichten. Von der ursprünglichen Burganlage sind nur noch wenige (restaurierte) Mauerreste erhalten, sie lassen aber annähernd die Größe des einst „prächtigen Schlosses"

(Chronist aus dem 16. Jhd.) erahnen, welches in seiner Fernwirkung durch die exponierte Lage die Burg **Hohenzollern** (bei Hechingen) noch übertroffen haben dürfte.

Ein Spaziergang auf die Achalm ist für jeden Reutlinger und jeden Besucher der Stadt ein Muss, bieten sich hier oben doch traumhafte Ausblicke auf die Stadt, Rundblicke in die Umgebung und Fernblicke bis zum Odenwald und zum Schwarzwald. Zu Fuß erreicht man die Achalm am besten über die Burgstraße, welcher man bis zu ihrem Ende am Schönen Weg folgt. Hier beginnen die Treppenstufen, die am Höhenrestaurant Achalm enden. Neben dem Restaurant führt der Weg hinauf zum Gipfel. Es bieten sich dem Besucher auch verschiedene Rundwege an, so kann man zum Beispiel von der Achalm aus bequem nach Eningen weiterspazieren, ein weiterer Weg führt Richtung Metzingen oder nach Sondelfingen. Von der Stadt aus gibt es noch die Möglichkeit, über die Aulber- und Richard-Wagner-Straße auf den Berg zu gelangen. Am Ende der Richard-Wagner-Straße beginnt der Fußweg zur Achalm, der an ihrem Ausläufer, dem „Scheiben-

67

gipfel", endet. Von hier aus führt ein bequemer Fußweg weiter zum Restaurant und dann, wie oben, zum Gipfel.

Bad Urach –
Ruine und Wasserfall

Die ehemalige Residenzstadt Urach im Ermstal lädt mit seinen vielen hübsch restaurierten Fachwerkhäusern zum Flanieren ein. Ein Besuch des **Residenzschlosses** der Uracher Linie des Hauses Württemberg und die Besichtigung der **Amanduskir-**

69

che machen den Stadtbummel in Urach zu einem kulturellen Ereignis. Wanderfreunde schätzen Bad Urach als Ziel ausgedehnter Routen auf der Schwäbischen Alb. Oberhalb der Stadt lockt die **Burgruine Hohenurach**, die **Wasserfälle** bei Bad Urach sind ein lohnendes (und erfrischendes) Ziel oder eine erquickende Zwischenstation auf dem Weg von St. Johann ins Ermstal.

Die Kuranlagen mit dem bekannten **Thermalbad** laden den Wandermüden zum Entspannen und zum Plantschen ein.

Anreise von Reutlingen:
Bahn: RAB 763 (Ermstalbahn) ab Hbf (fährt stündlich)
Bus: Linie 100 ab ZOB
Auto: B 28 (Richtung Ulm)

68

Tübingen – wo der Geist wohnt

Während früher das Bonmot die Runde machte, dass in Reutlingen das Geld und in Tübingen (wegen der Universität) der Geist säße, haben sich heute die Unterschiede etwas verwischt. Aus den ehemals zerstrittenen Nachbarstädten sind mittlerweile zwei starke Partner geworden, die sowohl wirtschaftlich als auch kulturell immer mehr zusammenarbeiten und die Region Reutlingen–Tübingen zu einem interessanten Oberzentrum Baden-Württembergs machten.

Die Stadt, in der große Dichter und Denker wie Hölderlin, Hegel und Hesse (um nur einige zu nennen) lebten, zieht heute noch zahlreiche Größen aus Forschung, Wissenschaft und Kultur an.

Die **Stiftskirche**, der **Marktplatz** mit dem schmucken Rathaus, das Schloss **Hohentübingen** und die Platanenallee auf der **Neckarinsel** sind einige der Höhepunkte eines jeden Rundganges durch die Gassen der Tübinger Innenstadt.

Besonders reizvoll ist eine **Stocherkahnfahrt** auf dem Neckar, begleitet von einem erfahrenen Stocherer, dem Tübinger „Gondoliere".

Anreise von Reutlingen:

Bahn: DB 760 ab Hbf (fährt mehrmals in der Stunde), Bus: RAB 7601 ab ZOB (mehrmals tägl.), Auto: B 28

70

Schloss Lichtenstein – Märchenschloss

Als der schwäbische Romantiker **Wilhelm Hauff** (1802–1827) im Jahre 1824 begann, an dem historischen Roman „Lichtenstein" zu arbeiten, der sich mit der Schlacht bei Reutlingen (1377) und der damit verbundenen Flucht des Grafen Ulrich von Württemberg befasste, dachte er wohl kaum daran, dass dieses Werk den späteren Herzog Wilhelm von Urach dazu animieren sollte, an der Stelle der ehemaligen Burg Lichtenstein ein Märchenschloss zu errichten.

In nur zwei Jahren (1841/1842) wurde auf einem Felsvorsprung über dem Echaztal dieses romantische Schlösschen errichtet, das heute zu den meistbesuchten Sehenswürdigkeiten der Region zählt. Besonders sehenswert sind die Trinkstube, das Königszimmer und die Schlosskapelle.

Der Lichtenstein ist Ausgangspunkt, Zwischenstation oder Ziel zahlreicher bezaubernder (Rund-) Wanderungen entlang dem **Albtrauf** mit beeindruckenden Ausblicken ins Echaztal.

Anreise von Reutlingen:

Bus: RAB 102, 400, 7606, 7607

(mehrmals täglich)

Auto: über B 312 (Richtung Riedlingen)

Die Höhlen auf der Alb – Nebelhöhle und Bärenhöhle

Die Verkarstung der Schwäbischen Alb hat auch in der näheren Umgebung von Reutlingen ihre eindrücklichen Spuren hinterlassen.

Ganz in der Nähe von Schloss Lichtenstein liegt die **Nebelhöhle**, eine der bekanntesten Höhlen Baden-Württembergs. Der Sage nach soll sich hier der 1519 aus seinem eigenen Land vertriebene Herzog Ulrich von Württemberg tagsüber versteckt gehalten haben. Seit den 1920ern ist die Höhle elektrisch beleuchtet und lockt jährlich Tausende von Besuchern an.

1834 wurde in der Nähe von Sonnenbühl-Erpfingen eine Höhle entdeckt, die nach dem Kronprinzen Karl von Württemberg „Karlshöhle" genannt wurde. 1949 wurde dann ein noch viel größerer Höhlenteil entdeckt, in welchem sich zahlreiche Reste von Tierknochen befanden. Diese Knochen vom Höhlenbären (Ursus spelaeus) gaben der Höhle ihren heute im ganzen Land bekannten Namen „Bärenhöhle". Vor der Höhle gibt es für die Kinder einen Freizeitpark mit Riesenrad und verschiedenen Attraktionen für Groß und Klein.

Anreise von Reutlingen:
Bus: RAB 102, 400, 7606, 7607 bis Lichtenstein bzw. Erpfingen, der Rest zu Fuß
Auto: über B 312 (Richtung Riedlingen)

Kleine Ausflüge

Außer den oben genannten Ausflugszielen in der näheren Umgebung von Reutlingen gibt es noch eine Vielzahl von Möglichkeiten, einen Halbtagesausflug in das Umland zu unternehmen.

Etwa 30 min Fahrzeit benötigt man nur, um den berühmten Stammsitz der letzten deutschen Kaiser zu besuchen. Bei Hechingen auf dem Zollerberg ist die **Burg Hohenzollern** gelegen, die von 1945 bis 1990 das Grab des Preußenkönigs Friedrich II. beherbergte.

(Anreise: per Bahn: alle 2 Stunden ab Hbf (Richtung Albstadt); per Auto: über B 28 nach Tübingen und B 27 nach Hechingen)

Bei ihrem ersten Staatsbesuch in Deutschland 1964, der sie auch nach Marbach am Neckar, der Geburtsstadt Friedrich Schillers, führte, soll die englische Königin Elisabeth II., leidenschaftliche Pferdeliebhaberin, die Umstehenden gefragt haben: „Where are the horses?" (Wo sind die Pferde?) Selbstverständlich ging die Königin davon aus, dass auf ihrem

72

Reiseprogramm das im Landkreis Reutlingen gelegene 400 Jahre alte **Haupt- und Landgestüt Marbach** an der Lauter stünde. Nicht nur den Hochadel zieht es nach Marbach ins Gestüt, für alle Pferdebegeisterten ist ein Besuch im Gestüt Marbach und im Gestütsmuseum Offenhausen ein absolutes Muss. Doch auch für diejenigen, die sich mit den Vollblütern nicht anfreunden können, bietet das **Lautertal** allerhand Faszinierendes: Reizvolle Landschaft, botanische Raritäten und ehrwürdige Burgruinen machen das Lautertal zum Erholungsgebiet par excellence.

(Anreise per Auto: über B 28 Richtung Ulm, dann B 465 Richtung Münsingen).

Eine Besonderheit schwäbischer Baukunst aus dem Barock stellt die ehemalige **Benediktinerabtei Zwiefalten** dar, die zudem mit der Geschichte Reutlingens eng verwurzelt ist. 1089 von den Achalmgrafen Liuthold und Kuno gestiftet, stieg die Abtei bald zu einem der wichtigsten schwäbischen Klöster auf, wirtschaftlich gesichert durch reiche Besitztümer in der gesamten Region.

Stolz erhebt sich über dem Städtchen Zwiefalten das Münster, das durch seinen reichen Barockschmuck im Innern und die Zwillingstürme mit den Zwiebeldächern jeden Besucher beeindruckt. Seit der Säkularisierung am Beginn des 19. Jahrhunderts, als das Kloster aufgelöst wurde, befindet sich in den Mauern der ehemaligen Abtei das Psychiatrische Landeskrankenhaus. Berühmt ist Zwiefalten auch durch sein Bier, das Zwiefalter Klosterbräu, welches in der weiten Region oft und gerne getrunken wird.

Von Zwiefalten aus lohnt sich auch eine kleine Wanderung entlang der Zwiefalter Ach zum **Schloss Ehrenfels**, zur **Wimsener Höhle** und über das „Glastal" hinauf nach Hayingen.

(Anreise per Auto: B 312 Richtung Riedlingen)

Zum Schluss noch ein kleiner Tipp: In den örtlichen Buchhandlungen sowie bei der Tourist-Information erhalten Sie umfangreiches Kartenmaterial wie Wanderkarten, Stadtpläne, Radwanderkarten, Fahrpläne, …

Das Wichtigste in Kürze

ADAC
Lederstraße 102
Notruf (bundesweit):
0180/222 22 22

Banken und Sparkassen
In Reutlingen gibt es zahlreiche Banken und Sparkassen. Alle wichtigen Institute sind in der Innenstadt mit einer Filiale vertreten.

Behindertenhilfe
Reutlingen ist eine behindertenfreundliche Stadt. Zu allen öffentlichen Gebäuden gibt es Rampen für Rollstuhlfahrer. Die Gehsteige sind an den Übergängen abgesenkt. Sollten Sie Informationen über Einrichtungen oder Veranstaltungen von oder für Menschen mit Behinderungen benötigen, helfen Ihnen folgende Vereine und Initiativen gerne weiter:

BAFF Bildung und Freizeit, Kaffeehäusle
Alteburgstraße 15
Tel.: 230710

Ohmi-Club der KBF
für Menschen mit und ohne Behinderung
Hermann-Kurz-Straße 38
Tel.: 310344

KBF (Körperbehindertenförderung) Neckar-Alb e.V.
Erwin-Seiz-Str. 11
Tel.: 4816-0

Bezirksgemeinden
Zum Reutlinger Stadtgebiet zählen neben der Stadt selbst 12 Bezirksgemeinden. Jede von ihnen besticht durch individuellen Charme und speziellen Charakter. Die Stadtrandlage lädt zum Wohnen oder zum Besuch ein. Angegeben sind Jahr der Eingemeindung ins Stadtgebiet Reutlingens, geografische Lage und Besonderheiten:

Altenburg (1972), NW,
Neckarufer, Nikolauskapelle um 1075

Betzingen (1907), W,
Echazlage, Zehntscheuer, Museum „Im Dorf"

Bronnweiler (1971), SW,
romanische Marienkirche um 800

Degerschlacht (1972), NW,
Fasnetszunft „Eulen"

Gönningen (1971), SW,
Samenhandelsmuseum, Tulpen-
blüte

Mittelstadt (1975), N,
tiefster Punkt RT's, Neckarufer

Oferdingen (1971), N,
Neckarufer, Clemenskirche von
1609

Ohmenhausen (1949), W,
Siedlungsspuren aus der Mittel-
steinzeit

Reicheneck (1971), N,
kleinste Bezirksgemeinde in
Panoramalage

Rommelsbach (1974), N,
berühmte „Romina"-Quellen

Sickenhausen (1972), NW,
Fasnetszunft „Wölfe"

Sondelfingen (1939), NO,
Stephanuskirche mit Malereien aus
dem 13. Jhd.

Campingplätze
Da es in Reutlingen selbst keinen
Campingplatz gibt, sei hier auf die
nächstgelegenen verwiesen:

Campingplatz Pfählhof
Pfählhof 1
72574 Bad Urach
Tel.: 07125/8098

Camping Azur
Hardtweg 80
72820 Sonnenbühl-Erpfingen
Tel.: 07128/466

**Fremdenverkehrsamt/
Tourist-Information**
Hier erhalten Sie die wichtigsten
Informationen über Reutlingen und
Umgebung.
Listplatz 1
Tel.: 303-2622

Fundbüro
Sollten Sie in Reutlingen etwas ver-
loren haben, geben Sie die Suche
nicht auf. Ein ehrlicher Finder wird
Ihr Verlorenes sicherlich im Fund-
büro des Rathauses Reutlingen ab-
gegeben haben.
Öffnungszeiten: siehe
Stadtverwaltung
Marktplatz 22
Tel.: 303-2389

größeren Städten niedergelassen und hier aufgeführt sind, gibt es noch einige kleinere Verleihfirmen, deren Adressen Sie im Branchenverzeichnis finden können.

AVIS Autovermietung
In Laisen 20
Tel.: 492010

Krankenhaus

Die Kreiskliniken Reutlingen bestehen aus drei Kliniken im Landkreis: Albklinik Münsingen, Ermstalklinik Bad Urach und das Klinikum am Steinenberg in Reutlingen.
Steinenbergstraße 31
Tel.: 200-0

Budget
Konrad-Adenauer-Straße 59
Tel.: 3866-0

Europcar Autovermietung
Stuttgarter Straße 8
Tel.: 9493-0

Sixt Autovermietung
In Laisen 3
Tel.: 17028

Mietwagen

Mehrere Mietwagenfirmen bieten in Reutlingen ihre Dienste an. Neben den großen Firmen, die in allen

Notdienste

Notruf: 110
Feuerwehr: 112
Rettungsleitstelle: 19222
Telefonseelsorge: 0800 1110111
Kinder- und Jugendtelefon: 0800 1110333
Giftnotruf: 0761/19240

Ärztlicher Notdienst: erfahren Sie über die lokale Presse oder über die Kreiskliniken.

Apothekennotdienst: erfahren Sie über die lokale Presse oder per Aushang an einer Apotheke.

Öffentlicher Nahverkehr

Seit 2002 gibt es den Verkehrsverbund „naldo" (Neckar-Alb-Donau) der Landkreise Reutlingen, Tübingen, Alb-Donau und Zollernalb. Mit nur einer Fahrkarte können Sie im gesamten Tarifverbund Züge und Busse nutzen, so kommen Sie sicher und ohne Stress an Ihr gewünschtes Ziel. In Reutlingen bedient der RSV (Reutlinger Stadtverkehr) mit Bussen das gesamte Stadtgebiet. Zentrale Haltestelle ist „Stadtmitte", der Zentrale Omnibusbahnhof ZOB. Hier halten nicht nur die Busse des RSV, auch jeder überregionale Bus macht hier Station und erleichtert den Fahrgästen das Umsteigen. Auch in direkter Bahnhofsnähe halten alle Busse, überregionale Linien ebenso wie die Linien des Reutlinger Stadtverkehrs. (Einen Liniennetzplan des RSV finden Sie im hinteren Buchumschlag.) Ein besonderes Angebot in Reutlingen ist der Reutlinger Nachtbus, der mit „galaktischen" Linien am Wochenende (Fr/Sa) und vor Feiertagen Nachtschwärmer sicher nach Hause (oder ins nächste Vergnügen) bringt. www.naldo.de

Parkmöglichkeiten

In Reutlingen gibt es viele Parkmöglichkeiten. Zudem gibt es einige Park-and-ride-Plätze am Stadtrand (ausgeschildert), wo Sie gut vom Auto in den Bus umsteigen können. Das praktische Parkleitsystem lenkt Sie stressfrei zum nächstgelegenen freien Parkplatz und erspart Ihnen das nervige Parkplatzsuchen.

Partnerstädte

Roanne/Frankreich (seit 1958)
Ellesmere Port and Neston/
Großbritannien (seit 1966/1967)
Bouaké/Elfenbeinküste
(seit 1970/1971)
Aarau/Schweiz (seit 1986)
Szolnok/Ungarn (seit 1989/1990)
Duschanbe/Tadschikistan (seit 1990)
Reading (Penns.)/USA (seit 1998)

Polizei

Die Polizeidirektion Reutlingen befindet sich in der
Burgstraße 27
Tel.: 942-0

Post

Das Hauptpostamt Reutlingen ist in der Nähe des Hauptbahnhofes gelegen, in der
Eberhardstraße 4
Tel.: 301-0

Öffentliche Toiletten

Wer viel in der Stadt unterwegs ist und womöglich in einem der vielen Cafés gesessen hatte, der „muss mal".

Öffentliche Toiletten gibt es:
- in der Krämerstraße zwischen Marktplatz und Metzgerstraße
- am Albtorplatz am Ende der Fußgängerzone,
- in der Kanzleistraße neben der Oskar-Kalbfell-Sporthalle,
- in der Bahnhofstraße gegenüber dem Bahnhofsgebäude,
- in der Pomologie beim Eingang Friedrich-Ebert-Straße und
- am unteren Ende der Metzgerstraße an der Ecke zur Unteren Bollwerkstraße

75

Des Weiteren können Sie Taxis am Marktplatz in der Rathausstraße und am Albtorplatz antreffen. Am sichersten ist es jedoch, Sie rufen eines der vielen Taxiunternehmen an, Telefonnummern erfahren Sie im Fernsprechbuch oder im nächstgelegenen Café.

Rathaus, Stadtverwaltung

Öffnungszeiten:
Mo 8–12 Uhr
Di 8–12 Uhr
Mi 14–16 Uhr
Do 8–12 Uhr und 14–18 Uhr
Fr 8–13 Uhr
Marktplatz 22
Tel.: 303-0
Internet: www.reutlingen.de

Taxistand

Der am besten frequentierte Taxistand ist der vor dem Hauptbahnhof.

Verkehrsanbindung

76

sowie Robert Hahn (Verwaltung, Kultur und Soziales).

- Reutlingen Stadtmitte (Marktplatz) ist in 48°29'34" nördlicher Breite und 9°12'45" östlicher Länge von Greenwich gelegen.
- Der Marktplatz liegt 380 m ü. NN, die Achalm 706 m ü. NN. Die höchste Erhebung ist der Rossberg mit 869 m ü. NN, der niedrigste Punkt liegt bei Mittelstadt am Neckar mit 205 m ü. NN.

Weitere Informationen erhalten Sie unter www.reutlingen.de.

Zahlen und Fakten

- Am 31.12.2006 lebten in Reutlingen 108.944 Einwohner: 52.598 davon männlich und 56.346 davon weiblich.
- Die Gesamtfläche des Reutlinger Stadtgebietes beträgt 87,04 km².
- Das Haushaltsvolumen der Stadt Reutlingen beträgt rund 300 Millionen Euro.
- An der Spitze der Reutlinger Stadtverwaltung steht Oberbürgermeisterin Barbara Bosch.
- Erste Bürgermeisterin ist Ulrike Hotz (Baudezernat).
- Weitere Bürgermeister sind Peter Rist (Finanzen und Wirtschaft)

77

Reutlingen von Achalm bis Zykluskonzerte

Danke

Dank sagen möchte ich all jenen, die mich bei der Arbeit an diesem Buch unterstützten: Zuallererst meinem Vater, der mir mit Rat und Tat zur Seite stand. Meinen Journalistenfreunden R. Behrens und R. Mack (†) für den einen oder anderen hilfreichen Tipp. Meiner Schwester Brigitte und Frau Fuchs für die Mitarbeit an der Überarbeitung. J.-M. Ferdinand und S. Schleicher für die Übersetzung. All denjenigen, die mir per Telefon oder per E-Mail Auskünfte erteilt haben, darunter die MitarbeiterInnen der Stadtverwaltung, des Stadtarchivs und der Stadtbibliothek und den MitarbeiterInnen der StaRT GmbH. Außerdem gilt mein Dank vor allem auch denjenigen Freunden, die in dieser Zeit öfters auf mich verzichten mussten, allen voran H. Christner. Nicht zuletzt bedanke ich mich bei A. Wehland, E. Masche und S. Schwolow, die mich fachkundig und geduldig (!) begleitet haben, und bei Ihnen, liebe Leserinnen und Leser, für Ihr Interesse an diesem Buch und an unserer schönen Stadt Reutlingen.

Artur C. Ferdinand
Im Sommer 2007

78

Bildnachweis:

Alle Bilder von Artur C. Ferdinand,
außer:
Astrid Ackermann (S. 98),
Theater in der Tonne (S. 95).

Titelbild:
Pfäfflinshofstraße mit Tübinger Tor

Cover:
The Pfäfflinshofstraße with the
Tübinger Tor

Frontspice:
La Pfäfflinshofstraße avec le
Tübinger Tor

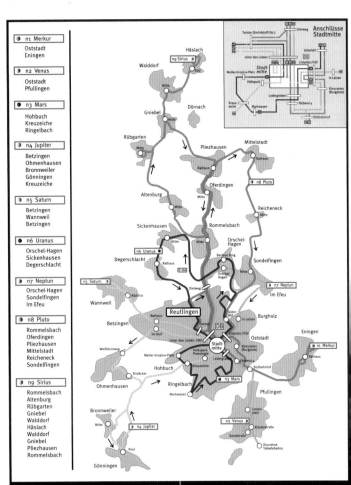

n1 Merkur
Oststadt
Eningen

n2 Venus
Oststadt
Pfullingen

n3 Mars
Hohbuch
Kreuzeiche
Ringelbach

n4 Jupiter
Betzingen
Ohmenhausen
Bronnweiler
Gönningen
Kreuzeiche

n5 Saturn
Betzingen
Wannweil
Betzingen

n6 Uranus
Orschel-Hagen
Sickenhausen
Degerschlacht

n7 Neptun
Orschel-Hagen
Sondelfingen
Im Efeu

n8 Pluto
Rommelsbach
Oferdingen
Pliezhausen
Mittelstadt
Reicheneck
Sondelfingen

n9 Sirius
Rommelsbach
Altenburg
Rübgarten
Gniebel
Walddorf
Häslach
Walddorf
Gniebel
Pliezhausen
Rommelsbach

Anschlüsse Stadtmitte

Liniennetzplan

nightline
galaktisch gut!